持続可能な社会を拓く
社会環境学の探究

福岡工業大学大学院 社会環境学研究科
10周年記念出版委員会

【編】

学 文 社

はじめに

　社会環境問題はさまざまな形で変遷・興亡を繰り返し，公害から地球環境問題まで国内外で拡大し，深刻化してきた。そして，その都度，場当たり的な環境対策が論議され，環境技術的発展・適応や環境法制で対応してきた。学問的な対応としては，1970年代に英国のイーストアングリア大学が環境科学を発展させてきた。これを参考にして，日本国内でも環境科学や社会環境学，環境学などとして大学で教育研究が行われてきた。その一例として，1977年に北海道大学大学院環境科学研究科が設立され，4専攻の一つに社会環境学専攻が設けられている。また同時期に，各種環境関連の研究機関や大学において，複雑な環境問題に対応するための学際的な総合科学や環境教育が発展してきた。そして，環境問題は，時代とともに，公害問題から地球環境問題へ関心が移り，環境政策や取り組みも大きく変化してきた。

　国内外では，地域環境問題としての公害やごみ問題等が依然として残り，エネルギー問題や地球環境問題への対応として，省エネや省資源対策，絶滅危惧種への対応として，生物多様性のための自然環境の保全と再生に取り組んでいる。このような環境問題の歴史の中で，1956年の水俣病の公式発見以来のさまざまな悲惨な公害病，1968年のカネミ油症事件等の食品公害，2011年の東日本大震災と津波，福島第一原発事故の放射能汚染等の自然災害や人災の恐怖を風化させずに人類の負の遺産として環境教育・研究を進める必要がある。環境問題も人の健康問題と同様に，「予防は治療に勝る」の視点から災害や環境汚染・環境破壊を未然に防止する努力を怠ってはならないのである。さらに，日本が経験した悲惨な公害禍や災害・環境対策を国際環境貢献に活かしていくことが重要である。

　2001年に福岡工業大学に工学部，情報工学部に次いで，第三の学部として社会環境学部が設置された。そして，2007年に大学院社会環境学研究科社会環境学専攻が設置され，今日に至っている。

　本学では，「ものづくり，情報，環境」を基幹テーマとし，さまざまな教育や

i

研究情報を発信している。その中で，社会環境学部と大学院社会環境学研究科は「持続可能な社会」を目標とした，環境人間力を養成し，パワフルな環境人材育成を行っている。

下記の図に，社会環境学の総合的な学問体系の概念モデルを示した。社会環境学は，学際的な学問の境界領域を含めた総合科学である。特に，本学の社会環境学の特徴は，経済・経営系，法・政策系，生活環境系の学問領域を融合した学際的な教育研究を発展させてきた。さらに，経済・経営系では環境経済学や環境経営学，法・政策系では環境法，行政学や環境政策，生活環境系では生活科学，環境教育学や生活環境論等を教育研究している。そして，社会環境学の実践的な環境教育を活かして，地域連携や社会貢献を行っている。

一方，環境教育の歴史的変遷は，1950年代から60年代に自然観察教育と公害教育が融合し，70年代に日本独自の環境教育として発展してきたといえよう。その後，急激な高度経済発展の過程で公害が激化した経験から環境経済や経営学が生まれ，環境関連法の整備による法・政策が奏功し，地域的な公害は終息に向かった。80年代の経済的な発展は，大量生産，大量消費，大量破棄の時代になり，深刻なごみ（廃棄物）問題が発生し，生活環境や生態環境に悪影響を与えて

図　社会環境学の総合的な学問体系の概念モデル

きた。90年代後半に循環型社会構想により、ごみ対策の3R（Reduce, Reuse, Recycle）の原則や省資源等が環境教育として普及し、一定の効果を上げてきた。地球温暖化対策では、温室効果ガスの排出を低減する低炭素社会としての取組みとして、徹底した省エネ推進が求められ、環境教育が大きな役割を担っている。

そして、2000年代以降、日本は公害列島から田園列島（ガーデン・アイランド）に向け、自然共生社会を目指した実践的な環境教育として、里山・ビオトープの活動が全国で展開され始めた。その象徴として、コウノトリの郷やトキの森公園周辺の里山・ビオトープは、希少種のコウノトリや絶滅種のトキの野生復帰プロジェクトを通して、まさに美しい田園列島の起点となっている。豊かな生態系の復元や環境保全活動が全国で展開され、生物の多様性が豊かな持続可能な社会を構築するための基盤となっていることを伝えている。

本書は、本大学院社会環境学専攻の創設10周年を記念し、持続可能な社会の構築に少しでも貢献できることを期待して、出版するものである。なお、本学の沿革の中で、社会環境学部と大学院社会環境学研究科の開設は、表に示す通りである。

表　福岡工業大学の沿革（一部抜粋）

年　月	沿　革
1954年4月	福岡高等無線電信学校を創設
1960年4月	福岡電子工業短期大学を開設
1963年4月	福岡電波学園電子工業大学を開設
1966年4月	大学の名称を福岡工業大学に変更
2001年4月	大学に社会環境学部社会環境学科（文系）を開設
2007年4月	大学院に社会環境学研究科 社会環境学専攻（文系）を開設

2017年10月吉日

坂井　宏光

目　次

はじめに　i

第1章　消費者による水産エコラベル MEL 認証と MSC 認証の選択志向
　　　　　─英国・シンガポールのカニ風味カマボコ消費に焦点を当てて─

　　　　　　　　　　　　　　　　　　……………………　大石太郎　1

　　1．社会環境学と持続可能な水産物の認証　　1

　　2．Web アンケート調査から得た個票データ　　4

　　3．多項ロジスティック回帰分析　　8

　　4．英国とシンガポールにおける推定結果　　8

　　5．我が国の漁業における水産物認証戦略　　11

第2章　電力価格改定の波及効果　　……………………　鄭　雨宗　14

　　1．はじめに　　14

　　2．電力価格の推移と電力市場の変革　　16

　　3．分析モデルと枠組み　　25

　　4．電力価格改正による経済と産業への影響　　29

　　5．おわりに　　37

第3章　日本と中国における MFCA 研究動向と競争優位戦略の分析

　　　　　　　　　　　　　　　　　　……………………　李　文忠　44

　　1．はじめに　　44

　　2．先行研究と研究方法　　47

　　3．分析モデル　　49

　　4．分析データ　　51

　　5．分析結果と要約　　60

　　6．展望と課題　　63

第4章　環境配慮型製品の技術革新
―東洋製罐の金属缶およびPETボトル充填システム―

.... 尹　諒重　68

1. はじめに　68
2. 飲料容器市場　70
3. 東洋製罐　73
4. 金属缶の技術革新：TULC（Toyo Ultimate Can）　74
5. PETボトル関連の技術革新：NS（Non-Sterilant）システム　79
6. 終わりに　85

第5章　日本文化環境を背負った語句の英訳
―夏目漱石『心』のメレディス・マッキニー訳を資料として―

.... 徳永光展　90

1. 問題の所在　90
2. 日英語間の相違　91
3. 「上　先生と私」（一〜三十六）　92
4. 「中　両親と私」（三十七〜五十四）　98
5. 「下　先生と遺書」（五十五〜百十）　101
6. 結語　110

第6章　持続可能な社会を構築するための実践的な環境教育の方法論
―里山・ビオトープ活動と生物多様性―

.... 坂井宏光　112

1. はじめに　112
2. 里山・ビオトープによる地域の環境保全　114
3. 実践的な環境教育としての里山・ビオトープ研究活動　124
4. 環境教育に基づく自然共生社会の構築　132
5. 持続可能な社会を構築するための環境教育の実践的な方法論と展望　134

あとがき　139
索　引　141

第1章
消費者による水産エコラベル MEL 認証と MSC 認証の選択志向
─英国・シンガポールのカニ風味カマボコ消費に焦点を当てて─

大 石 太 郎

1. 社会環境学と持続可能な水産物の認証

　社会環境学は，人間社会と自然環境の関係性にかかわる新しい学問である。この学問が誕生した背景には，世界規模での急激な経済発展により人間と自然の持続可能性が危ぶまれはじめ，両者の関係性を問い直す必要が出てきたことが挙げられる。人間社会と自然環境の間のひずみは，いまや経済，法律，生活をはじめとしたあらゆる場面で生じているため，社会環境学は極めて学際的かつ複雑な学問となっている。そうした中で，漁業は社会環境学という学問を具体的に考え，理解するにあたって適した題材である。というのも人間社会における消費者の食卓と自然環境の育む魚介類の間をつなぐものが漁業だからである。農業もまた漁業と同じ第一次産業ではあるが，田植えや種まきの段階から人間が関与しており，得られる農作物の種類そしてその質や量は人間の計画に基づいている。他方，魚介類は（養殖業や栽培漁業の場合を除いて）自然の生態系の中で人間とは独立した生活を営んでおり，そうした独自の営みを持つ魚介類と人間が互いに持続可能なやり方でどのように共存していくかという問題はまさに社会環境学の本質的な一側面なのである。本章では，人間と魚介類が互いに持続可能に共存していくためのアプローチの一つとして，水産エコラベルに注目し，水産エコラベルにおける最近の課題に取り組んだ研究成果を報告したい。

　水産エコラベルとは，魚介類やその加工品を販売する際に商品パッケージに

ラベルを貼ることで，持続可能な管理のもとで漁獲された魚介類であることを消費者に伝える役割を果たすものである（持続可能な養殖業に関するラベルも存在するが，本研究では天然漁獲に関するラベルに焦点を当て議論する）。欧米では，商品パッケージだけでなく，レストランのメニューにも水産エコラベルのマークが表記されることもあり，ラベルの使用される場面が年々広がってきている。こうした背景には，持続可能性のための責任ある漁業の一端を商品を選択する立場である消費者も担っており，漁業者や加工業者だけでなく消費者を含めたステークホルダー全体で取り組まなければならないという考え方が世界的に浸透しつつあることが挙げられる。

　水産エコラベル制度として有名なものには，英国を発祥として1999年から運用が始まり2001年に初めての認証漁業が誕生したMSC（Marine Stewardship Council）によるMSC認証[1]，日本で大日本水産会が2007年に設置し発足したMEL（Marine Eco-Label）ジャパンによるMEL認証[2]，イタリアを拠点として2007年から運営されているFOS（Friend of the Sea）によるFOS認証[3]，アイスランドで2007年に創設されたIRF（Iceland Responsible Fisheries）によるIRF認証[4]，アラスカで2010年に発足しASMI（The Alaska Seafood Marketing Institute）のもとで監督・実施されているAlaska RFM（Responsible Fisheries Management）認証[5]，スウェーデンで始まり周辺国に広がっていったKRAV認証[6]，などがある。

1　MSCのウェブサイト（https://www.msc.org/about-us/our-history）［2017年4月16日最終アクセス］参照。
2　MELジャパンのウェブサイト（http://www.melj.jp/index.cfm）［2017年4月16日最終アクセス］参照。
3　FOSのウェブサイト（http://www.friendofthesea.org/about-us.asp?ID=6）［2017年4月16日最終アクセス］参照。
4　IRFのウェブサイト（http://www.responsiblefisheries.is/about-irf/）［2017年4月16日最終アクセス］参照。
5　the Alaska Seafood Marketing Institute（2016）"Alaska Responsible Fisheries Management（RFM）Certification Program：Quick Reference/Cheat Sheet and Frequently Asked Questions（FAQs）"（http://www.alaskaseafood.org/wp-content/uploads/2017/01/Alaska-RFM-FAQs-Final_Sept-0516Locked.pdf）［2017年4月16日最終アクセス］．
6　鴻巣正［2010］p. 38参照。

このような水産エコラベル制度の乱立は，一方で消費者らの間にどの水産エコラベルの商品を選ぶべきかについて混乱を招く可能性があることから，国連食糧農業機関（FAO）ガイドラインに沿った水産エコラベル制度であるか否かを認定する GSSI（Global Sustainable Seafood Initiative）と呼ばれる組織がドイツに発足した。2017 年 4 月時点で MSC 認証，IRF 認証，RFM 認証が GSSI の認定を受け持続可能な漁業の国際基準を満たしているというお墨付きが与えられている一方，我が国の MEL 認証は未だ認定されていないため，その認定取得について検討が進められている段階である。我が国の漁業は小規模漁業が多く高額な認証取得コストを支払うのが困難である場合が多く，また漁獲される魚の種類が多様である漁業環境もあることから，我が国独自の水産エコラベル制度である MEL 認証の意義が期待されている一方，国際的な評価は十分に確立されていないため，我が国の漁業が海外へ水産物を輸出する際にどの認証を取得しておくべきかという戦略的な展開が必要になると思われる。

　そこで本章では，水産エコラベルの中でも歴史が古く世界的な知名度も高い MSC 認証と我が国独自の MEL 認証に焦点を当て，スケトウダラを原料に生産されたカニ風味カマボコ（海外で Surimi として知られる国際商品）を題材として，海外消費者が MEL 認証または MSC 認証がなされたカニ風味カマボコのどちらを選択するかについてのアンケート調査を行い，その選択の要因分析を行った。ここでスケトウダラに焦点を当てたのは，米国アラスカ州やロシアオホーツク海のスケトウダラ漁業が国際標準に準拠していると認められた MSC 認証を取得しており，我が国の北海道で行われるスケトウダラ漁業もそうした漁業と同様に大規模漁業であり欧米型の管理が比較的容易であることから，我が国のスケトウダラ漁業では MSC 認証と MEL 認証のどちらの認証を取得すべきかという問題が生じると考えられたからである。分析対象国は，MSC 認証の発祥地である英国および我が国の水産物が多く流通しているシンガポールとし，これらの国においてアンケート調査を実施し消費者の水産エコラベルに関する選択行動の規定要因を分析した。

　消費者の環境に配慮した行動の規定要因を分析した既往研究には，例えば大

第 1 章　消費者による水産エコラベル MEL 認証と MSC 認証の選択志向　　3

石［2009］がある。そこでは国際社会調査プログラム（ISSP）で実施されたアンケート調査の二次データを利用し，二項ロジスティック回帰分析により我が国のグリーンコンシューマー行動の規定要因が分析された。こうした水産エコラベル商品に対する消費者選択を分析した既往研究としては，Ariji［2010］や大石等［2010］がある。Ariji［2010］では，アンケート調査に基づいたコンジョイント分析によりマグロ握り寿司の選択において水産エコラベルが付いている際の消費者の支払意思額を調べ，水産エコラベルが付いている場合は付いていない場合に比べて支払意思額が109円高く，さらにマグロの資源枯渇等に関する情報提供がなされた後ではそれが118円に上昇することが示され，水産エコラベルがもたらす価格上昇への効果が示された。大石等［2010］は，塩サケを評価商品としたコンジョイント分析で水産エコラベルに対する消費者の支払意思額を分析し，水産エコラベルに対する支払意思額は東京では254円，大阪では356円であり，やはり消費者の間で高く評価されていることが示された。これらの研究は，個別の水産エコラベルが持つ支払意思額を明らかにした重要な成果と言えるが，日本の水産物の輸出促進を図る上では，海外消費者がMEL認証の付いた水産物を積極的に購入する要因を明らかにする必要がある。

　本研究では，MEL認証とMSC認証のいずれのカニ風味カマボコも選べる状況下において，あえてMEL認証またはMSC認証を選ぶ消費者がどのような消費者であるかを多項ロジスティック回帰分析により明らかにし，我が国の漁業が輸出展開を試みる際にいずれの認証を取得すべきかについて考察を行った。

2. Webアンケート調査から得た個票データ

　英国およびシンガポールの消費者各600名を対象に2017年1月11日〜19日の期間にインターネットアンケート調査を行った。調査はインターネット調査業者に委託し，サンプルの偏りを少なくするために業者に登録されているモニター（潜在的な回答者）の中から性別，年代が各国人口に比例するよう実際の回答者を層化抽出した（ただし，シンガポールの60歳代はインターネット利用率が高くなくモ

表 1-1　サンプルの人口統計学的特徴

		英　国		シンガポール	
		人数	（%）	人数	（%）
年齢	20代	126	(21.0)	116	(19.3)
	30代	122	(20.3)	126	(21.0)
	40代	128	(21.3)	132	(22.0)
	50代	122	(20.3)	150	(25.0)
	60代	102	(17.0)	76	(12.7)
性別	男性	298	(49.7)	294	(49.0)
	女性	302	(50.3)	306	(51.0)
年収	£14,000未満（英国）／ S$37,500未満（シンガポール）	113	(18.8)	107	(17.8)
	£14,000〜£28,000（英国）／ S$37,500〜S$75,000（シンガポール）	168	(28.0)	155	(25.8)
	£28,000〜£42,000（英国）／ S$75,000〜S$100,000（シンガポール）	122	(20.3)	108	(18.0)
	£42,000以上（英国）／ S$100,000以上（シンガポール）	125	(20.8)	196	(32.7)
	分からない	19	(3.2)	16	(2.7)
	答えたくない	53	(8.8)	18	(3.0)
合　計		600	(100.0)	600	(100.0)

ニター登録数も少ないことから人口に比例するサンプル確保に至らず，他の年代で補てんしたため人口比に対して若干の偏りが存在する）。

　得られたサンプルの人口統計学的特徴を示したものが表1-1である。年収については，「分からない」，「答えたくない」と答えた回答者がいずれの国についても存在したが，これらの回答者については多項ロジスティック回帰分析においては欠損データとして扱った。

　次に，英国，シンガポールのそれぞれの回答者に対して，MSC，MEL，FOS，IRF，RFM の5つの水産エコラベル認証について知っているかどうかを尋ねた結果が図1-1である。英国は MSC 発祥の国であることもあり MSC 認証の認知度が19％と最も高かったが，シンガポールにおいても16％と最も認知度が高かった。他方，日本の MEL 認証はいずれの国においても認知度が低い傾向が見られたが，日本の商品や文化がより多く普及しているシンガポールでは6.8％と3.7％であった英国に比べてやや高い傾向が見られた。

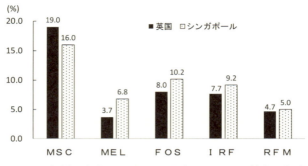

図1-1 各種の水産エコラベルを認知している回答者の割合

表1-2 MSC認証とMEL認証の認知人数

	英国 人数	（％）	シンガポール 人数	（％）
MSC認証とMEL認証の両方を認知	11	(1.8)	20	(3.3)
MSC認証のみ認知	103	(17.2)	76	(12.7)
MEL認証のみ認知	11	(1.8)	21	(3.5)
どちらも知らない	475	(79.2)	483	(80.5)
合　計	600	(100.0)	600	(100.0)

　表1-2は，MSCとMELに焦点を当てて，MSCとMELを両方知っている回答者，MSC認証のみ知っている回答者，MEL認証のみ知っている回答者の数を集計し示したものである。表1-2から，MEL認証を知っているとした回答者であっても，実はその半数はMEL認証とMSC認証の両方を知っており，MEL認証のみ知っている人はかなり少ないことがいずれの国についても指摘できる。また，MSC認証のみ知っているとした回答者は英国ではシンガポールの約1.35倍多く存在し，MEL認証のみ知っているとした回答者はシンガポールでは英国の約1.9倍多かった。

　表1-3は，英国人とシンガポール人に，カニ風味カマボコを購入する際，MEL認証とMSC認証のどちらのカニ風味カマボコを購入するかを尋ねた質問の結果

である[7]。ここでの質問内容は具体的には以下の通りである。

「持続可能な水産物を認証する水産エコラベル制度として MSC 制度が国際的に有名ですが，そのような世界標準の制度以外にも，いくつかの国では自国の水産事情に合わせて自国の水産物の持続可能性の評価をする認証制度を有しています。例えば，日本には MEL という日本独自の認証制度が存在します。（　A　）あなたはスーパーでカニ風味カマボコを買う際に，日本の独自の MEL 認証と国際的に知名度の高い MSC 認証により認証された原料を使用したカニ風味カマボコが売っていた場合，どちらを購入しますか。」

ここで各国の回答者は半分ずつに分けて片方の 300 名には（　A　）の空欄部分に「この MEL は日本独自の基準で行われている認証ですが，国際機関（FAO）が定めた国際的な持続可能性基準を満たした認証審査を行っているとします。」という情報提供を行い，他方の 300 名には情報提供を行わなかった。

表 1-3 の結果から，英国人よりもシンガポール人の方がカニ風味カマボコを買う傾向があり，いずれの国においても買う人の中では「どちらも似たようなものなので，ラベルを気にせずに買う」と回答した者の割合が高く，次いで「MSC 認証のカニ風味カマボコを買う」という回答者の割合が高い傾向を示した。

表 1-3　カニ風味カマボコの購入の際の MSC 認証と MEL 認証の選択

	英　国				シンガポール			
	情報提供なし		情報提供あり		情報提供なし		情報提供あり	
	人数	（%）	人数	（%）	人数	（%）	人数	（%）
そもそもスーパーでカニ風味カマボコを買うことがない	174	(58.0)	164	(54.7)	54	(18.0)	80	(26.7)
どちらも似たようなものなので，ラベルを気にせずどちらかを買う	71	(23.7)	83	(27.7)	158	(52.7)	140	(46.7)
MSC 認証のカニ風味カマボコを買う	38	(12.7)	38	(12.7)	57	(19.0)	51	(17.0)
MEL 認証のカニ風味カマボコを買う	17	(5.7)	15	(5.0)	31	(10.3)	29	(9.7)
合　計	300	(100.0)	300	(100.0)	300	(100.0)	300	(100.0)

7　なお，写真画像を見せた上でカニ風味カマボコ（Surimi Seafood Sticks）を知っているかどうか尋ねたところ，英国では 57.1% が知っている（うち 40.3% が食べたこともある），シンガポールでは，88.8% が知っている（うち 81.3% が食べたこともある）という結果であった。

3. 多項ロジスティック回帰分析

　本研究の目的は，MSC 認証や MEL 認証の水産物を選択的に購入している消費者がどのような特徴をもつのかを特定し，その結果から我が国の漁業における認証取得戦略について考察することである。そこで表1-3で示した MSC 認証とMEL 認証のどちらのカニ風味カマボコを購入するかを尋ねた質問を従属変数[8]，年齢，性別，年収，水産エコラベルに関する認知，MEL 認証の国際標準化に関する情報提供，を説明変数とした多項ロジスティック回帰分析を行った。

　アンケート調査から得られたデータに対して多項ロジスティック回帰分析を適用した先行研究として，例えば，日名子［2012］や松本［2015］がある。日名子［2012］では，食育に取り組む行動意思とその関連要因，松本［2015］ではボランティア活動への参加態度の説明要因についてアンケート調査から得られたデータに基づいて分析した研究であり，従属変数がカテゴリーデータであることから多項ロジスティック回帰分析による分析がなされた。本研究においても従属変数が三つのカテゴリーデータであるため，これらの研究同様に多項ロジスティック回帰分析を採用したことが妥当と考えられる。

　本研究における多項ロジスティック回帰分析には，統計分析ソフトウェアとして IBM SPSS Statistics 22 を使用した。

4. 英国とシンガポールにおける推定結果

　表1-4および表1-5はそれぞれ英国とシンガポールにおける多項ロジスティック回帰分析の結果を示している。

　表1-4の英国の分析結果では，年齢が高くなるほど MEL 認証のカマボコを選

8　選択肢のうち，「そもそもスーパーでカニ風味カマボコを買うことがない」と回答した回答者を欠損値とし，「どちらも似たようなものなので，ラベルを気にせずどちらかを買う」と回答した回答者を基準として，「MEL 認証のカニ風味カマボコを買う」と「MSC 認証のカニ風味カマボコを買う」を基準に対するカテゴリーデータとして扱った。

択的に買うと回答する者は減る傾向が統計的に有意に存在することが分かるが，その傾向は MSC 認証についても同様に見られた。他方，性別について見ると，女性は MEL 認証のカマボコを選択的に買うと回答する傾向が有意に低く，MSC 認証については男女間で有意な差は見られなかった。所得については，MEL 認証については有意な影響が見られなかったが，MSC 認証が高く評価していることを示唆する結果となった。水産エコラベルに関する認知については，MEL のみ知っている回答者は MEL 認証を選択的に選ぶ確率が有意に上昇するが，同時に MSC 認証を選択的に選ぶ確率も上昇させる要因となっていることが分かる。また MSC 認証のみ認知している場合や両方認知している場合でも

表 1-4　多項ロジスティック回帰分析の結果（英国）

		従属変数 （基準カテゴリ：ラベルを気にせずにどちらかを買う）			
		(1) MSC 認証の カニカマボコを買う		(2) MEL 認証の カニカマボコを買う	
		B	Exp(B)	B	Exp(B)
切　片		0.52		0.72	
年　齢		-0.05 ***	0.96	-0.04 **	0.96
性　別	（基準：男性） 女性ダミー	-0.42	0.66	-1.32 ***	0.27
年　収	（基準：£14,000 未満） £14,000 〜£28,000 ダミー £28,000 〜£42,000 ダミー £42,000 以上ダミー	-0.24 0.71 0.87 *	0.78 2.03 2.38	-0.04 0.56 -0.31	0.96 1.74 0.73
水産エコラベル に関する認知	（基準：両方知らない） MSC 認証のみ認知ダミー MEL 認証のみ認知ダミー 両方認知ダミー	1.79 *** 2.10 ** 3.08 ***	5.98 8.16 21.81	0.41 2.45 ** 1.45	1.51 11.53 4.26
MEL 認証の国際 標準化の情報提供	（基準：情報提供なし） 情報提供ありダミー	-0.19	0.83	-0.28	0.76
	χ^2 値 自由度 Cox と Snell Nagelkerke McFadden N	77.882 *** 18 0.28 0.33 0.17 238			

注：*，**，***：10%，5%，1% 水準で統計的に有意

第 1 章　消費者による水産エコラベル MEL 認証と MSC 認証の選択志向　　9

MSC認証を選択的に購入する確率が上昇していることから，単なる認証の認知ではなく認証の内容や信頼が重要であると考えられる。なお，MEL認証の国際標準化に関する情報提供はMEL認証やMSC認証のカニ風味カマボコの購買行動には有意に影響しないという結果となった。MEL認証が国際標準化することは，国際的に認められているMSC認証との差が無くなるということを意味するので，差別化にはつながらないことが原因と考えられる。

次に，表1-5のシンガポールの分析結果では，年齢は有意ではなかったが，性別では女性がMSC認証やMEL認証のカマボコを選択的に買うと回答する傾向が有意に低かった。所得については有意な傾向は見出されず，水産エコラベルに

表1-5　多項ロジスティック回帰分析の結果（シンガポール）

| | | 従属変数
（基準カテゴリ：ラベルを気にせずにどちらかを買う） | | | |
| | | (1) MSC認証の
カニカマボコを買う | | (2) MEL認証の
カニカマボコを買う | |
		B	Exp(B)	B	Exp(B)
切　片		-0.77		-1.50 **	
年　齢		-0.01	0.99	0.01	1.01
性　別	（基準：男性） 女性ダミー	-0.79 ***	0.46	-1.22 ***	0.30
年　収	（基準：S\$37,500未満） S\$37,500 〜 S\$75,000ダミー S\$75,000 〜 S\$100,000ダミー S\$100,000以上ダミー	-0.21 0.21 0.19	0.81 1.23 1.21	-0.26 -0.41 -0.27	0.77 0.66 0.76
水産エコラベル に関する認知	（基準：両方知らない） MSC認証のみ認知ダミー MEL認証のみ認知ダミー 両方認知ダミー	1.70 *** 3.37 *** 1.83 ***	5.46 29.08 6.21	1.10 *** 3.20 *** 2.03 ***	3.01 24.53 7.63
MEL認証の国際 標準化の情報提供	（基準：情報提供なし） 情報提供ありダミー	-0.16	0.85	0.10	1.11
	χ^2値	94.157 ***			
	自由度	18			
	CoxとSnell	0.19			
	Nagelkerke	0.23			
	McFadden	0.12			
	N	444			

注：*，**，***：10%，5%，1%水準で統計的に有意

関する認知についてはいずも有意な結果となった。MEL 認証の国際標準化に関する情報提供は，英国同様に MEL 認証や MSC 認証のカニ風味カマボコの購買行動には有意に影響しないという結果となった。

5. 我が国の漁業における水産物認証戦略

本章における主要な分析結果をまとめ，我が国の漁業における水産エコラベル認証取得の戦略に関する考察を加えると次の通りである。

第一に，英国およびシンガポールのいずれの国においても MEL 認証よりも MSC 認証の方が知られているが，MEL 認証のみ知っているという回答者の割合はシンガポールの方が英国よりも約1.9倍高く，MSC 認証のみ知っている人の割合は英国の方がシンガポールよりも約1.35倍高かった。このように MSC 認証の発祥地である英国と日本の商品や文化がより多く普及していると考えられるシンガポールでは，これら二つの認証に対する認知度の現状が大きく異なっていることから，日本の漁業が水産エコラベル認証の取得を目指す際には輸出ターゲットとなる国によって取得すべき認証も異なってくることが示唆された。

第二に，各認証がなされたカニ風味カマボコの購入要因の分析結果から，MEL 認証または MSC 認証の商品を選択的に購入する消費者は年齢，性別，年収といった人口統計学的属性により異なることが明らかになった。このことから，ターゲットとなる消費者の属性に合わせた認証の取得を目指す戦略が有効であることが示唆された。

第三に，シンガポールでは水産エコラベルの認知が MSC 認証と MEL 認証の商品の選択的な購入に与える影響は大きく変わらないが，英国ではいずれの認証も認知していた場合には MSC 認証の商品を選択的に買う確率のみ上昇することが明らかとなった。MSC 認証の認知度を上げずに MEL 認証の認知度のみを上昇させていくことは現実的には困難であると考えられるため，MSC 認証の発祥国である英国で MEL 認証の水産物を展開することは難しいと考えられる。

第四に，MEL 認証が国際標準化を実現し，それを各国の消費者に情報提供し

第1章　消費者による水産エコラベル MEL 認証と MSC 認証の選択志向　　11

たとしても，MEL認証の商品の選択的購入に有意な影響はいずれの国にも存在しないことが明らかとなった。MEL認証が国際標準化したとしても，元来国際性が高く最近ではGSSIにより国際標準を満たしていることが認められたMSC認証と同じ土俵に乗るだけであり，それだけではMSC認証と比較して特別な付加価値が付くわけではないことがその原因であると考えられる。そのため，MEL認証においては，漁獲される魚種が多様であることや漁船が小型で数が多いなど日本独自の漁業環境に適応した認証であるということをアピールしMSC認証との差別化を明確にすることで独自の価値を示すことが必要であるように思われる。

謝　辞

　本研究は，農業・食品産業技術総合研究機構生物系特定産業技術研究支援センター地域戦略プロジェクト（課題ID: 16802899）およびJSPS科研費（25870194, 16H02565）における研究成果の一部です。

参考文献

Ariji，M.［2010］"Conjoint analysis of consumer preference for Bluefin tuna," *Fisheries Science*，76（6），pp.1023-1028.

大石太郎［2009］「日本におけるグリーンコンシューマー行動意向の規定要因：ISSP1993とISSP2000を用いたロジスティック回帰分析」『経済学雑誌』Vol.110，No.1，pp.79-90.

大石太郎［2015］『グリーンコンシューマリズムの経済分析－理論と実証－』学文社.

大石太郎［2016］「グリーンコンシューマーと水産エコラベル」『JIFRS短信』（2016年度第1号）

大石卓史・大南絢一・田村典江・八木信行［2010］「水産エコラベル製品に対する消費者の潜在的需要の推定」『日本水産学会誌』76（1），pp.26-33.

鴻巣正［2010］「水産エコラベル認証の現状と課題：水産における環境問題への新たなアプローチ」『農林金融』No. 2010-10，pp.32-44.

日名子まき・衛藤久美・武美ゆかり［2012］「食品企業従業員における食育に取り組む行動意思とその関連要因」『栄養学雑誌』Vol.70，No.2，pp.99-109.

松本渉［2015］「ボランティア活動に対する参加態度と社会観の関係－第12次・第13次の日本人の国民性調査から－」『統計数理』Vo.63，No. 2，pp.243-260.

第2章
電力価格改定の波及効果[1]

鄭　　雨　宗

1.　はじめに

　今まで日本のエネルギー政策の基本方針は安定供給 (Energy Security), 経済効率性 (Economic Efficiency), 環境への適合 (Environment) (いわゆる3E) であったが, 福島原子力発電所の事故を契機に安全性 (Safety) を前提にしたうえで, エネルギーの安定供給を第一とし, 経済効率性の向上による低コストでのエネルギー供給を実現し, 同時に環境への適合を図ることになった (経済産業省 [2014a] p.15, 経済産業省 [2015] pp.1-2)。福島原発事故は安全性 (Safety) に対する重要性を再認識する契機となったが, 2011年3月の福島原子力発電所の事故から6年目を迎えている今でも難題を多く抱えているのが現状である。その一つが福島原発の事故処理費用問題であり, 経済産業省は現在の約11兆円から今後計21.5兆円と従来の約2倍に膨らむとの試算を示している[2]。

　そして福島原発事故から波及される課題について経済産業省は以下のように指摘している (経済産業省 [2014a] pp.8-14)。第一に原子力発電の安全性への懸念である。福島原発事故以降, 日本のすべての原子力は停止とともに安全点検作業に入ったが, 未だに国民からのその信頼性の回復は程遠い。その中で川内, 伊方, 高浜の原子力発電所が再稼働[3]されるなど新規制基準を満たしているとはいえ, 地元住民との間では未だ対立の様子もみられるなど安全性への疑問は依然

1　本章は鄭 [2017.3] の分析をもとに加筆・修正したものである。
2　福島原発事故の賠償問題については 2.3 で取り上げる。
3　高浜原子力発電所は一度再稼働されたが, 2016 年 3 月 9 日の大津地方裁判所における再稼働禁止の仮処分命令により停止が続いた。その後 4 号機は 2017 年 5 月に 3 号機は同年 6 月に再稼働された。

払拭されたとはいえない状況である。第二にエネルギー供給不安と温室効果ガスの拡大である。原発事故以降，原子力を代替するエネルギーとして中東からの石油やLNG輸入量が拡大し中東依存度が上昇しているが，これは海外政治情勢の変化へのリスクを高めることになる。また電源として化石エネルギーの依存度が震災前の6割から9割まで増大したことで，2013年度の温室効果ガスは2010年度比で約103百万トン増加した[4]。これは2016年発効されたパリ協定への対応をより厳しくする要因となる。第三に電気料金の値上げによるマクロ経済・産業・家計への影響である。全国10社のうち6の電力会社は既に規制部門の電気料金について6.2 〜 9.8% の値上げなどを改定して行っているが，今後も2012年7月から始まった固定価格買取制度（FIT）により再生可能エネルギー供給のための設備投資が電気利用者の負担の上昇要因となりうる。また運転コストが安い原子力から石炭やLNG発電に代替することでの運転コストの上昇は利用者への負担上につながることも予想される。第四にエネルギーコストの国際地域間格差の拡大である。北米のシェールガス・石油は今後の国際エネルギー供給構図に大きな影響を与え，現在でもエネルギー輸入コストが高い日本にとってはエネルギー集約型産業への国際競争力低下に大きな影響を与える可能性がある。

　そこで本章では，今後の国際・国内のエネルギー状況の変化に伴い，電力価格が変動することを想定し，電力価格の改定による経済の影響分析に目的を置く。具体的には北九州市と福岡市を対象とし，産業用・業務用・家庭用電力価格が改定された際の企業物価指数（*CGPI*：*Corporate Goods Price Index*）及び消費者物価指数（*CPI*：*Consumer Price Index*）への影響を比較分析する。さらに日本全体における電力価格の影響についても2011年版の産業連関表を利用して定量分析する。

　まず2節では，電力市場での価格改正の要因として電力自由化と原発事故処理費用を取り上げる。2016年4月からスタートした電力市場での小売の電力自由化は今後地域独占であった電力市場での価格競争を招き，値下げの効果が予想

4　その後温室効果ガスは削減傾向となり，2015年度の排出量は2010年比約18.7万トンの増加となった。

される一方，福島原発事故処理費用は電力利用者への負担となり，電力の値上げ効果が予想される。その二つの要因を考察することで本分析の背景を明確にする。3節では，産業連関分析の均衡価格モデルを利用して，北九州市と福岡市，さらに日本全国を対象に電力価格の改定が行われた場合の物価への影響をシミュレーションする。4節では，分析結果から電力価格の改定が産業や消費者に与える影響度合いを考察する。

2. 電力価格の推移と電力市場の変革

2.1 電力価格の推移と国際比較

日本の電力料金は産業用と家庭用ともに高いと言われている。OECD／IEA［2017］によると，諸外国に比べ産業用も家庭用も本体価格が高いが税額のみを比較するとフランスやドイツの方が日本より高い水準である（図2-1）。

また家庭用電力価格の国際価格の推移を時系列で比較するとフランスと日本の価格上昇が浮き彫りとなる（図2-2）。一方，産業用電力価格においては，日本の上昇率が目立っており，2010年基準で約37％の上昇を見せている（図2-3）。

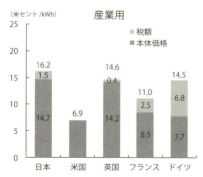
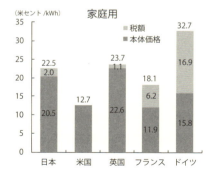

図 2-1　電力価格の国際比較（2015年）

注：米国は本体価格と税額の内訳が不明。
出所：資源エネルギー庁［2017］p.248

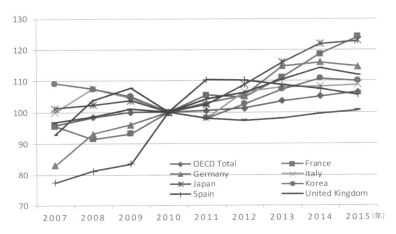

図 2-2 家庭用電力価格の推移（2010 年 =100）
出所：OECD/IEA ［2017］より筆者作成

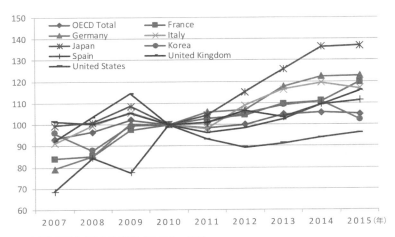

図 2-3 産業用電力価格の推移（2010 年 =100）
出所：OECD/IEA ［2017］より筆者作成

　また，ここ数年の日本の産業用と家庭用電力価格の推移を見ると，2011年以前は大きな変化は見られず推移したものの，2011年の東日本大震災以降価格の

図2-4 日本の電力価格の推移
出所：OECD/IEA［2017］より筆者作成

上昇がみられる。2011年から2015年までの価格変化をみると，産業用において約14.6%上昇し，家庭用は約16.9%の上昇をみせており，家庭用電力価格の上昇率が産業用を上回っている。税比率においては2013年以降，大きく上昇し2015年現在，産業用では約8.5%，家庭用では約8%を占めている（図2-4）。すなわち，日本の電力価格は本体価格の上昇とともに税比率の上昇も最近の大きな特徴といえよう。

2.2 電気事業の制度改革動向

日本の電気事業は1964年に電気事業法が制定されて以降，最初に1995年制度改正が実施された。1995年改正では，発電部門への新規参入拡大として，卸電気事業の参入許可を撤廃し，一般電気事業者が電源調達をする際に入札制度を導入した。また特定電気事業制度を創設し，特定の供給地点における需要に対し，電力小売事業を営む能力を有する事業者の参入を可能とする制度を創設し

た[5]（資源エネルギー庁［2016b］）。その後2000年と2005年の改正を経て2014年には電気事業法等の一部を改正する法律[6]が成立し2016年4月から電力小売の全面自由化が実施された。従来の電気事業法第二条の定義により2016年3月まで日本の電気事業は一般電気事業，卸電気事業，特定電気事業及び特定規模電気事業と定義されていたが，電気事業法等の一部を改正する法律（第十六条）により，小売電気事業（登録制），一般送配電事業（許可制），送電事業（許可制），特定送配電事業（届出制）及び発電事業（届出制）と変更された[7]（藤井［2016］pp.57-58）。特に2016年4月から始まった電力の小売自由化はこれまでの電気事業の地域独占構図を変え，消費者への選択肢が増えることが予想され電気料金の合理化とサービス向上が期待される。

電気の小売事業の自由化は2000年から段階的に実施され，まず「特別高圧」区分の大規模工場やデパートなどが電気事業者を自由に選ぶことになり，その後2004年4月と2005年4月には小売自由化の対象が「高圧」区分の中小規模

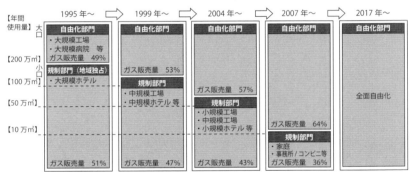

(注1) 小売全面自由化後も，需要家保護の観点から，競争が進展していない地域においては，経過措置として小売料金規制を存続させる。

図2-5　電力小売自由化の変遷

出所：資源エネルギー庁［2017］p.76

5　日本の電気事業法改正については，小畑［2012］pp.46-47にその経緯と問題点が指摘されている。
6　経済産業省［2014b］の「電気事業法等の一部を改正する法律」を参照されたい。
7　電気事業制度と再生可能エネルギー事業支援策の改革については藤井［2016］を参照されたい。

表 2-1　自由化される電力市場規模・契約数 (2017 年 1 月末実績)

[スイッチング (みなし→新電力) 件数]

管　内	他社切替 実績 (万件)	率 (注) (%)
北 海 道	12.4	4.5
東　　北	8.0	1.5
東　　京	140.6	6.1
中　　部	18.7	2.5
北　　陸	1.2	0.9
関　　西	49.7	4.9
中　　国	1.1	0.3
四　　国	1.9	1.0
九　　州	12.1	1.9
沖　　縄	—	—
10 社計	245.6	3.9

[自社内契約切替 (みなし規制→みなし自由) 件数]

管　内	自社切替 実績 (万件)	率 (注) (%)
北 海 道	0.2	0.1
東　　北	1.8	0.3
東　　京	66.1	2.9
中　　部	100.1	13.1
北　　陸	0.9	0.7
関　　西	25.3	2.5
中　　国	32.2	9.2
四　　国	1.2	0.6
九　　州	9.2	1.5
沖　　縄	0.1	0.1
10 社計	237.0	3.8

注：2016 年 3 月の一般家庭等の通常の契約口数 (約 6,253 万件) を用いて試算。なお，2016 年 3
　　月の低圧の総契約口数は約 8,600 万件だが，旧選択約款や公衆街路灯の契約などは，実態とし
　　てスイッチングが起きることが想定されにくく，母数から除外。
出所：資源エネルギー庁 [2017] p.314 [8]

工場や中小ビルへと拡大してきた。そこで2016年4月からは「低圧」区分の家
庭や商店などにおいても電気事業者が選べるようになった (図2-5) (資源エネル
ギー庁 [2017] p.108)。

　これにより開放される電力市場の規模は年間約8兆円の市場規模であり，契約
数では一般家庭と事務所などを合わせて約8,500万に伸びる予想である (資源エ
ネルギー庁 [2016a] p.133)。また2017年1月の電力取引報[9]によると，新電力へ
のスイッチング (切替え) は約3.9%で既存の電力会社の自由料金メニューへの切
替えも約3.8%にのぼり，消費者の約7.7%が自由料金メニューへの切替えを行っ
ている。また，全面自由化後，特高・高圧部門における新電力のシェアも増加し，

8　元のデータは電力・ガス取引監視等委員会電力取引報 (平成 29 年 1 月実績) によるもので
　ある。
9　詳細な内容は電力・ガス取引監視等委員会 [2017.5.16] pp.6-7 を参照されたい。

電力市場全体の約8.6%を占めている（表2-1）（資源エネルギー庁［2017］p.314）。

　しかし半年以上経過した時点で一般家庭等の契約口数全体の3%程度のスイッチング件数は徐々に増えつつあるものの，まだ少ない状況であるとの指摘もある（津野田・永富［2016］p.2）。また地域差も明確であり，人口が多く顧客獲得が見込める都市部と既存の規制料金が高い北海道エリアでは，より安い料金を求めスイッチングが進んでいる[10]。全体としてスイッチングが低調な理由として，津野田・永富［2016］は3段階料金体制[11]における自由料金と規制料金の差と太陽光発電による自家発電導入で割安な第1段階料金体制で十分間に合う需要者が新規の自由料金へのメリットが少ないことを指摘している（津野田・永富［2016］p.3）。さらに大山［2012］でも自由化による市場競争が卸売電力市場で安価な電力を購入できる一方，既存の企業内取引から市場取引へ移行することが供給量を調整するための費用が高くなり，供給不安定のリスクを高めることになる可能性を指摘している。市場構造に関しては規模の経済が働くと市場が寡占化する恐れがある。したがって価格が完全競争的に決定されるわけではなく，電力市場自由化後の価格は私的独占価格よりは低くなるが，現在の規制価格より低くなる保証はない。つまり電力価格の自由化によって，電力価格が引き下がるとは限らない（大山［2012］p.102）。

　日本より早く電力自由化を進めたEUでは電力卸売市場が発達しNord Pool（北欧），EEX（ドイツ，オーストリア）等，国境を越えた卸電力取引所ができている。2010年第4四半期では卸電力取引所で取引された電力の量は295.3TWhであり，これはEU27か国の国内電力取引量の35%に相当する[12]。しかしEU

---

10 大都市としては東京4.7%，関西3.8%であり，規制料金が高い北海道は3.4%として高い。一方中国0.2%，北陸0.5%，四国0.6%として低い。詳細な地域別スイッチング率については津野田・永富［2016］を参照されたい。
11 日本では1974年以来，電気の使用量に応じて規制料金の単価が3段階に設定されている。第1段階料金はナショナル・ミニマムの考え方で基礎的な生活必需品として相対的に割安料金となっている。第2段階料金はほぼ平均費用に見合った料金，第3段階では省エネルギー化という社会的要請に対応して限界費用の上昇傾向を反映した割高な料金となっている（資源エネルギー庁［2016b］p.133）。
12 詳細な内容についてはEuropean Commission［2010］p.4を参照されたい。

においても電力自由化による変更率は国によって異なり，特に小規模産業需要者及び家庭では変更のメリットより変更コストの高さからその割合は小さい（小畑[2012] p.45）[13]。このように電力自由化は市場競争原理を活用することで電力価格の合理化が図られるが，一方では利用条件によっては費用負担の増加につながるともいえよう[14]。

2.3　原発再稼働と福島原発の事故処理費用

現在，日本では運転を終えて廃止または廃止措置中の9基[15]を含めて計57基の原子力発電所がある[16]。その中，四国電力（株）の伊方原子力発電所3号機と九州電力（株）川内原子力発電所1号機と2号機が再稼働されている[17]。また2016年3月以降，大津地方裁判所における再稼働禁止の仮処分命令により停止が続いていた高浜原子力発電所の4号機が2017年5月に，3号機が同年6月に再稼働され，関西地方では初の再稼働原子力発電所となった。

原発の再稼働において避けられない課題は安全性と経済性である。まず安全性は福島原発事故以降，最重要条件となった。商業用原子力発電炉に係る新規制基準（2013年7月策定）により，原子力規制委員会は改正された新規制基準に基づき，原子力発電所の新規制基準への適合性審査を実施している。新規制基準の要点としては，(1) 重大事故対策の強化，(2) 最新の技術的知見を取り入れ，既に許可を得た原子力施設にも新規制基準への適合を義務づける制度の導入，(3) 運

---

13 詳細な内容についてはPollitt [2009] を参照されたい。また，電力産業の制度改革や電力自由化が電力会社の業績や電力料金への影響に関する文献研究については，田中 [2014]で2000年以降を中心に丁寧に整理されている。

14 日本の電力自由化の政策評価と電力市場ついては，井熊 [2015] pp.60-100を参照されたい。

15 東京電力（株）福島第一原子力発電所1号機〜4号機は2012年4月19日，5・6号機は2014年1月31日で廃止された。中部電力（株）浜岡原子力発電所1・2号機は2009年1月30日で営業運転を終了し廃止措置中である。また日本原子力発電（株）東海発電所は1998年3月31日で営業運転を終了し廃止措置中である。

16 また建設中が3基，着工準備中が8基あり，合計59基の5998.7万kWとなる（日本原子力発電株式会社資料（http://www.japc.co.jp/atom/atom_1-7.html）参照）。

17 川内原発の再稼働問題については井熊 [2015] pp.18-30を参照されたい。

転期間延長許可制度の導入，(4) 発電用原子炉の安全規制に関する原子炉等規制法への一元化などの措置が盛り込まれた[18]。このような新規制基準は以前の基準での問題点，すなわち地震や津波等の大規模な自然災害の対策が不十分であり，また重大事故対策が規制の対象となっていなかったことと，新しい基準を策定しても，既設の原子力施設に遡って適応する法律上の仕組みがなく，最新の基準に適合することが要求されなかったことを改善するためであった[19]。このような新規制基準により安全性の確保を最優先課題にしながら，もう一方では原子力発電がもっている経済性も再稼働には欠かせない重要要因である。「エネルギー・環境会議　コスト等評価委員会」では2011年に提示した報告書で，これまで5.9円/kWhだった原子力発電コスト算定値を8.9円/kWhへと大幅に引き上げた（エネルギー・環境会議［2011］p.63）。それに賠償費として10兆円を計上した場合，9.3円/kWhとなるが，原子力規制委員会が提示した新しい安全基準をクリアするための費用を加えると，原子力発電コストは10.5円/kWhとなる。これは既存の石炭（10.3円），LNG（10.9円）と比べて経済性での優位性はほぼなくなるが，風力（8.8～17.3円）や地熱（9.2～11.6円）よりは経済性を維持できる。さらに再生可能エネルギーへの過度な補助金が今後価格上昇に繋がる可能性や国際エネルギー市場での不安定要因が依然として顕在することを勘案すると原子力発電の経済性は当分無視できない要因である。

　一方，福島事故処理費用も今後の電力価格に大きな影響を及ぼすことになる。現在，福島第一原子力発電所の廃炉・汚染水対策については「東京電力（株）福島第一原子力発電所廃炉措置等に向けた中長期ロードマップ」（以下「中長期ロードマップ」）に基づき，取組みが進められている。このロードマップは今まで3回

---

18 原子力規制委員会［2016］の資料（https://www.nsr.go.jp/data/000070101.pdf）を参照されたい。
19 原子力規制委員会の新規制基準について（https://www.nsr.go.jp/activity/regulation/tekigousei/shin_kisei_kijyun.html）を参照されたい。

改訂[20]され，2015年6月の改訂ポイントは以下のようである。(1) リスク低減の重視：長期的にリスクが確実に下がるよう，優先順位を付けて対応。(2) 目標工程の明確化：地元の声に応え，今後数年間の目標を具体化。(3) 徹底した情報公開を通じた地元との信頼関係の強化等。(4) 作業員の被ばく線量のさらなる提言・労働安全衛生管理体制の強化。(5) 原子力損害賠償・廃炉等支援機構の強化である[21]。

　その中，経済産業省は「東京電力改革・1F（福島第1原発）問題委員会」において現在の約11兆円から今後計21.5兆円と従来の約2倍に膨らむとの試算を示している（経済産業省［2016a］p.2，経済産業省［2016b］p.1）。新試算の内訳をみると，廃炉費用が8兆円（従来2兆円），賠償が7.9兆円（従来5.4兆円），除染が4兆円（従来2.5兆円），中間貯蔵施設が1.6兆円（従来1.1兆円）となっている。事故処理費用の負担では東京電力が15.9兆円（従来7.2兆円）を負担するが，2016年4月からスタートした小売全面自由化で参入した「新電力」にも約2,400億円を負担することが新たに加わった（経済産業省［2016b］p.1）。その結果，新電力契約者の電気料金は一般標準家庭で月18円程度の値上げとなる。また廃炉費用は東京電力の利益で確保するが，廃炉以外の費用は交付国債による国の融資枠を現在の9兆円から13.5兆円に拡大して充てることとなった。しかしこの22兆円は今後の状況によってまた膨れ上がる可能性もあり，今後の行方が注目される。また事故処理費用問題以外にも，汚染水対策や放射能廃棄物処分所の確保，作業員の健康への安全性など約40年とも言われる廃炉へ向けた取組みが一層問われる[22]。このように原子力再稼働に必要な安全対策のための政策費用による運転コスト上昇や事故処理費用の増加に伴うコスト上昇が今後ベース電源としての原子力を再考することになる。

---

20 2011年12月21日の初版の策定から随時改訂し，その後2012年7月，2013年6月，2015年6月に改訂されている。
21 中長期ロードマップの改訂ポイントの詳細な内容については資源エネルギー庁［2016a］pp.71-75を参照されたい。
22 福島原発事故の賠償に関する研究としては，細江・田中［2011］と朴［2005］を参照されたい。

3. 分析モデルと枠組み

3.1 分析モデル

分析方法としては，北九州市と福岡市の産業連関表（2005年）及び日本の産業連関表（2011年）を用いて電力価格[23]の波及効果を均衡価格モデルによって計測する。その結果，他の産業への生産者価格の変化を分析し，なお電力価格変動による企業物価と消費者物価を計測する。それぞれの部門分類は北九州市の34部門，福岡市の31部門，また日本の産業分類は37部門を対象に分析を行った。詳細な部門は表参考2-1を参照されたい。

電力価格（第 k 部門）が ΔPk 変化した場合，各産業への生産者価格（生産コスト）への波及効果 ΔP^*（生産者価格変化ベクトル）は式1によって求められる。

$$\Delta P^* = \left[I - \left(I - \hat{M}^* \right) A^{\prime *} \right]^{-1} \Delta P_k \left(I - \hat{M}^* \right) A_k^{\prime *} \qquad 式1$$

ただし，P^* は産業部門別生産者価格列ベクトル P から電力産業（第 k 部門）の価格 Pk を除いた列ベクトルである。A^*, $\hat{M}^*$ は投入係数行列 A, 移輸入率の対角行列 $\hat{M}$ から第 k 部門（k 列, k 行）を除いた投入係数行列及び移輸入率の対角行列である。また A_k^* は投入係数行列 A の第 k 行ベクトルから自部門（第 k 部門の k 列, k 行）の投入係数を除いた行ベクトルである。さらに $A_k^{\prime *}$ は A_k^* を転置した列ベクトルである。$\left[I - \left(I - \hat{M}^* \right) A^{\prime *} \right]^{-1}$ は $\left[I - (I - \hat{M}^*) A^* \right]^{-1}$ の転置行列である。

また，電力価格の変化は企業物価指数（*CGPI*）及び消費者物価指数（*CPI*）にも影響するため，企業及び消費者物価への分析も行った。産業部門別価格上昇率の

---

23 日本の電気価格は，石油ショック後には当時石油火力が主流だったこともあり急上昇したが，その後は低下傾向となった。1994 年度から 2007 年度の間において，単純比較では約 2 割低下した。2008 年では，上半期までの歴史的な原油価格の高騰などにより，電気料金が比較的大きい幅で上昇した。2010 年度は原油などの燃料価格の低下で，電気料金は 2007 年度水準まで戻ったが，2011 年度以降は原子力発電所の稼働率低下，燃料価格の高騰などに伴う火力発電費の増大，再生可能エネルギー発電促進賦課金の上乗せ影響などにより，再び電気料金が上昇した（資源エネルギー庁［2016a］p.187）。

第 2 章　電力価格改定の波及効果　　25

列ベクトルΔP^*に外生化したΔPkをk部門に戻して，元の列ベクトルΔPにする。このΔPに，それぞれ産業部門別中間需要計（$\sum_{j=1}^{n}X_{ij}$, $i=1, 2, \cdots n$）及び産業部門別民間消費支出（Cp_i, $i=1, 2, \cdots n$）をウェイトにした式2と式3により，加重平均値として計測できる。つまり，企業物価指数（$CGPI$）及び消費者物価指数（CPI）への影響は，次式によって求められる（井出［2003］pp.100-101）。

$$\Delta CGPI = \sum_{i=1}^{n} \Delta p_i^* * \sum_{j=1}^{n} x_{ij} \Big/ \sum_{i}^{n} \sum_{j}^{n} x_{ij} \qquad\qquad 式2$$

$$\Delta CPI = \sum_{i=1}^{n} \Delta p_i^* * Cp_i \Big/ \sum_{i}^{n} Cp_i \qquad\qquad 式3$$

レオンチェフの価格モデルは，需要と供給によって決定される市場理論に基づく価格ではなく，産業連関表を縦方向に見た生産コストの変化に基づく究極的な価格波及を示す均衡価格である[24]。したがって，便乗値上げなどによる波及の増幅や公共料金などによる波及の中断，あるいは原材料間の代替といった問題は考慮されていない。あくまで運賃，電力料金，原油価格あるいは間接税（消費税等）などの変化によるコストアップ分を，各産業部門が生産価格にそのまま転嫁した場合の直接間接的に波及した理論値である（井出［2003］p.101）。

3.2　分析シナリオ

本分析では，電力価格の影響を市と国に分けて分析を行った。まず市を対象とした分析では北九州市と福岡市を対象に四つのシナリオを設定し，日本を対象に三つのシナリオを設定してシミュレーションを行った[25]。北九州市（KS）と福

---

24 特定産業部門の生産者価格が変化した際の均衡価格モデルについては井出［2003］pp.99-101を参照されたい。

25 電力料金の変動による経済や産業への影響分析は西野・富田［1977］，富田［1975］，藤波［2012a］，藤波［2012b］，齋藤［2011］があり，地域産業連関分析による産業影響については田中［2005］がある。さらに電力自由化による影響については東［2014］，柳澤［2016］，高橋・鈴木・合原［2014］を参照されたい。

岡市（FS）を対象としたシナリオは以下のようである。

　KS1，FS1（電力価格上昇（6.23%）効果シナリオ）：2013年4月1日より，関電や九電などが家庭向けの電気料金値上げをそれぞれ，関電が平均11.88%，九電が8.51%の認可申請をしたが，経済産業省の「電気料金審査専門委員会」及び新たに消費者委員会の下に設置された「家庭用電気料金値上げ認可申請に関する調査会」での審議，経済産業省と消費者庁との協議，「物価問題に関する関係閣僚会議」を経て，2013年3月29日に経済産業省から申請原価に対する修正指示があった。同年，4月2日に修正案を経済産業大臣に再申請し，2013年5月1日から6.23%の値上げが認可された。それをベースにここでは，6.23%の電力価格上昇を前提に分析を行った。

　KS2，FS2（家庭用電力価格値下げ（5.81%）効果シナリオ）：現在の電力価格からkWh当たり1円の値下げを想定し，ここでは家庭用電力の現在価格（最初の120kWhまで）17.19円から1円値下げした場合の比率として，5.81%の値下げ効果を分析した。ここでは家庭用，産業用，業務用を区分せず，同一の下げ幅でシミュレーションした。以下のKS3，FS3，KS4，FS4も同様である。

　KS3，FS3（産業用電力価格値下げ（6.87%）効果シナリオ）：現在の産業用電力A-I価格（夏季他の料金）であるkWh当たり14.54円から1円値下げした場合の比率として，6.87%の値下げ効果をシミュレーションした。

　KS4，FS4（業務用電力価格値下げ（5.92%）効果シナリオ）：現在の業務用電力A-I価格（夏季他の料金）であるkWh当たり16.87円から1円値下げした場合の比率として，5.92%の値下げ効果をシミュレーションした。

　一方，日本（JS）全国を対象としたシナリオは以下のようである。東日本大震災以降，原子力発電所の点検や海外からの天然ガス輸入価格の上昇の影響を受け，値上げ要因が大きくなっている。そこで2011年以降の全国電力会社の値上げ率をベース（表2-2）にシナリオを設定した（資源エネルギー庁［2015］p.15）。

　JS1（高い値上げ率（15.33%）の値上げシナリオ）：電力会社の値上げ率の中で高い水準である北海道電力の値上げ率で日本の電力価格が上昇した場合を想定してシミュレーションを行った。

JS2（電力会社平均（8.41%）の値上げシナリオ）：主な10社の電力価格の値上げ率の平均値である8.41%の上昇を想定してシミュレーションを行った。

JS3（低い値上げ率（3.77%）の値上げシナリオ）：電力会社の中で中部電力の一番低い電力価格上昇率を想定し，日本での電力価格上昇による経済と産業への波及効果をシミュレーションした。

なお今回の分析に使われた電力価格の変化率は表2-3においてまとめた。

表 2-2　電力会社の値上げ率（2011年以降）

電力会社	値上げ率（%）	実施時期	再値上げ率（%）	実施時期	再値上げ率（%）	実施時期
北海道	7.73	2013年9月	12.43	2014年11月	15.33	2015年4月
東　北	8.94	2013年9月				
東　京	8.46	2012年9月				
中　部	3.77	2014年5月				
北　陸						
関　西	9.75	2013年5月	4.62	2015年6月	8.36	2015年10月
中　国						
四　国	7.8	2013年9月				
九　州	6.23	2013年5月				
沖　縄						

出所：資源エネルギー庁［2015］p.15 より一部抜粋

表 2-3　分析シナリオと電力価格変化率

北九州市	福岡市	変化率（%）	日　本	変化率（%）
KS1	FS1	6.23	JS1	15.33
KS2	FS2	-5.81	JS2	8.41
KS3	FS3	-6.87	JS3	3.77
KS4	FS4	-5.92		

出所：筆者作成

3.3 分析の前提条件

第1に，本モデルは，電力価格上昇による費用増分を生産価格に転嫁するモデルである。

第2に，生産価格の変化による波及効果として企業物価及び消費者物価への影響も分析した。

第3に，価格波及が産業相互間に限定されており，家計部門との相互波及関係（例えば，物価上昇が労働市場での賃金上昇となり，それが物価上昇を招く結果）は考慮されていない。

第4に，価格変化が及ぼす需要の代替効果は考慮されていない。

第5に，北九州市や福岡市の分析の場合，2005年の産業連関表を利用したため，その間の経済情勢の変化は考慮しない（例えば，2008年のリーマンショックや2011年の東日本大震災による経済影響）。

第6に，技術水準（投入係数）は2005年の水準で一定なため，技術進歩は考慮しない。

第7に，分析方法の特性上，電力を含む原料コスト上昇に対して，輸入への切り替えや人件費等の圧縮によるコストダウンは想定しておらず，コスト増分を製品価格に上乗せし，販売量も変わらないとしている。

4. 電力価格改正による経済と産業への影響

4.1 北九州市の影響

4.1.1 電力価格上昇（6.23%）による影響（KS1）

電力価格改正による北九州市のシナリオ別（KS1 〜 KS4）の分析結果は表2-4のとおりである。まず，北九州市の影響をみると生産価格変化（ΔP^*）において，直接的影響による電力・ガス・熱供給（20）を除けば，水道・廃棄物処理（21）が0.26%と，生産価格の上昇影響が大きく，その後を鉄鋼（9），窯業・土石製品（8）がそれぞれ0.24%，0.15%として続く。一方で鉱業（2）は0.018%，石油・石炭

第 2 章　電力価格改定の波及効果　　29

製品（7）は0.015%で生産価格変化が小さい。企業物価指数（*CGPI*）の変化をみ
ると，全産業の合計では0.36%の上昇効果が見られ，部門別には電力・熱供給
（20）の0.27%に次いで，鉄鋼（9）が0.03%であるが，全体的な変化率は小さく，
影響は限定的といえよう。消費者物価指数（*CPI*）では全産業合計では0.26%の上
昇効果が見られ，部門別には電力・ガス・熱供給（20）の0.19%に次いで，商
業（22）が0.02%であるが，企業物価指数（*CGPI*）と同じく全般的に影響は限定
的といえよう。

4.1.2　電力価格値下げ（5.81%）による影響（KS2）

　電力自由化による市場競争が将来的に値下げ効果につながることを想定した
場合である。まず，生産価格変化（ΔP^*）でみると，電力・ガス・熱供給（20）に
次いで，水道・廃棄物処理（21）が-0.24%と値下げ効果が大きい。その次に，鉄
鋼（9）が-0.22%，窯業・土石製品（8）が-0.14%の結果となった。企業物価指数
（*CGPI*）では合計で-0.34%の値下げ効果が見られる。部門別には電力・ガス・熱
供給（20）の-0.25%が一番大きく，その次に鉄鋼（9）が-0.03%である。しかし
KS1と同様，全般的にその効果は小さく限定的といえよう。消費者物価指数
（*CPI*）では合計で-0.25%の値下げ効果が見られる。部門別では電力・ガス・熱
供給（20）に-0.18%の値下げ効果が予想され，商業（22）が-0.019%，対個人サー
ビス（32）が-0.018%の結果となった。

4.1.3　電力価格値下げ（6.87%）による影響（KS3）

　ここでは産業用電力価格が6.87%値下げした場合を推計した。生産価格変化
（ΔP^*）でみると，電力・ガス・熱供給（20）が-6.87%の値下げで一番大きく，そ
の次は水道・廃棄物処理（21）の-0.28%，鉄鋼（9）の-0.26%の順である。一方，
石油・石炭製品（7）が-0.01%でその影響がもっとも小さい。企業物価指標
（*CGPI*）では合計で-0.4%の値下げ効果が見られる。また部門別には電力・ガス・
熱供給（20）の-0.3%に次いで，鉄鋼（9）が-0.03%，商業（22）が-0.01%の順
である。消費者物価指数（*CPI*）では，合計で-0.29%の値下げ効果が見られる。部

門別では，電力・ガス・熱供給（20）が -0.21% で，その次に商業（22）が -0.02%
である。想定した値下げ率が大きいため，産業全体に与える影響も他のシナリオ
より値下げ効果が大きい。

4.1.4 電力価格値下げ（5.92%）による影響（KS4）

　ここでは業務用電力価格が5.92% 値下げした場合を想定した。生産価格変化
（ΔP^*）をみると，電力・ガス・熱供給（20）の -5.9% 値下げ効果に続いて，水道・
廃棄物処理（21）が -0.24%，鉄鋼（9）が -0.22% の順である。値下げ効果が少な
い部門としては鉱業（2）が -0.017%，石油・石炭製品（7）が -0.014% である。企
業物価指数（$CGPI$）では合計で -0.34% の値下げ効果が見られ，部門別では電力・

表 2-4　北九州市の電力価格改定によるシナリオ別分析結果（変化率；%）

No	部門名	KS1			KS2			KS3			KS4		
		ΔP^*	CGPI	CPI	ΔP^*	CGPI	CPI	ΔP^*	CGPI	CPI	ΔP^*	CGPI	CPI
1	農林水産業	0.01994	0.00018	0.00030	-0.01862	-0.00017	-0.00028	-0.02201	-0.00020	-0.00033	-0.01897	-0.00017	-0.00029
2	鉱　業	0.01856	0.00098	0.00000	-0.01733	-0.00092	0.00000	-0.02049	-0.00108	0.00000	-0.01766	-0.00093	0.00000
3	飲食料品	0.03045	0.00062	0.00326	-0.02843	-0.00058	-0.00305	-0.03361	-0.00068	-0.00360	-0.02897	-0.00059	-0.00311
4	繊維製品	0.02204	0.00010	0.00032	-0.02058	-0.00009	-0.00029	-0.02433	-0.00011	-0.00035	-0.02097	-0.00010	-0.00030
5	パルプ・紙・木製品	0.04436	0.00109	0.00000	-0.04142	-0.00102	-0.00008	-0.04897	-0.00121	-0.00010	-0.04221	-0.00104	-0.00009
6	化学製品	0.10958	0.00436	0.00111	-0.10233	-0.00407	-0.00103	-0.12097	-0.00481	-0.00122	-0.10427	-0.00415	-0.00105
7	石油・石炭製品	0.01566	0.00056	0.00025	-0.01462	-0.00052	-0.00023	-0.01729	-0.00062	-0.00027	-0.01490	-0.00053	-0.00024
8	窯業・土石製品	0.15992	0.00280	0.00035	-0.14933	-0.00211	-0.00007	-0.17655	-0.00249	-0.00008	-0.15216	-0.00215	-0.00007
9	鉄　鋼	0.24097	0.03501	-0.00003	-0.22501	-0.03270	0.00003	-0.26602	-0.03865	0.00003	-0.22927	0.03332	0.00003
10	非鉄金属	0.05575	0.00066	0.00002	-0.05206	-0.00062	-0.00002	-0.06155	-0.00073	-0.00002	-0.05305	-0.00063	-0.00002
11	金属製品	0.10291	0.00055	0.00011	-0.09609	-0.00201	-0.00011	-0.11360	-0.00237	-0.00014	-0.09791	-0.00205	-0.00011
12	一般機械	0.05397	0.00088	0.00001	-0.05039	-0.00082	-0.00001	-0.05957	-0.00097	-0.00001	-0.05135	-0.00083	-0.00001
13	電気機械	0.06626	0.00038	0.00060	-0.06188	-0.00036	-0.00056	-0.07315	-0.00042	-0.00067	-0.06305	-0.00036	-0.00057
14	情報・通信機器	0.04257	0.00003	0.00030	-0.03975	-0.00003	-0.00028	-0.04699	-0.00003	-0.00034	-0.04050	-0.00003	-0.00029
15	電子部品	0.07282	0.00073	0.00003	-0.06800	-0.00068	-0.00003	-0.08039	-0.00081	-0.00003	-0.06929	-0.00069	-0.00003
16	輸送機械	0.03883	0.00032	0.00051	-0.03626	-0.00030	-0.00048	-0.04287	-0.00036	-0.00057	-0.03695	-0.00031	-0.00049
17	精密機械	0.03168	0.00006	0.00000	-0.02958	-0.00006	0.00000	-0.03498	-0.00007	0.00000	-0.03015	-0.00006	0.00000
18	その他の製造工業製品	0.08692	0.00284	0.00108	-0.08116	-0.00265	-0.00101	-0.09595	-0.00314	-0.00119	-0.08270	-0.00270	-0.00103
19	建　設	0.05884	0.00104	0.00000	-0.05494	-0.00097	0.00000	-0.06495	-0.00115	0.00000	-0.05598	-0.00099	0.00000
20	電力・ガス・熱供給	6.23000	0.27798	0.19624	-5.81734	-0.25957	-0.18324	-6.87768	-0.30687	-0.21664	-5.92768	-0.26449	-0.18672
21	水道・廃棄物処理	0.26040	0.00333	0.00195	-0.24315	-0.00311	-0.00182	-0.28746	-0.00367	-0.00216	-0.24776	-0.00317	-0.00186
22	商　業	0.12672	0.00936	0.02062	-0.11833	-0.00874	-0.01925	-0.13989	-0.01033	-0.02276	-0.12057	-0.00891	-0.01962
23	金融・保険	0.03186	0.00239	0.00149	-0.02975	-0.00224	-0.00140	-0.03517	-0.00264	-0.00165	-0.03031	-0.00228	-0.00142
24	不動産	0.02609	0.00056	0.00577	-0.02437	-0.00052	-0.00539	-0.02881	-0.00062	-0.00637	-0.02483	-0.00053	-0.00549
25	運　輸	0.08721	0.00682	0.00495	-0.08143	-0.00637	-0.00462	-0.09627	-0.00753	-0.00546	-0.08296	-0.00649	-0.00471
26	情報通信	0.04890	0.00278	0.00173	-0.04566	-0.00256	-0.00161	-0.05399	-0.00302	-0.00191	-0.04653	-0.00260	-0.00164
27	公　務	0.10476	0.00024	0.00043	-0.09782	-0.00023	-0.00040	-0.11565	-0.00027	-0.00047	-0.09968	-0.00023	-0.00041
28	教育・研究	0.14897	0.00221	0.00364	-0.13910	-0.00206	-0.00340	-0.16446	-0.00244	-0.00402	-0.14174	-0.00210	-0.00346
29	医療・保健・社会保障・介護	0.07681	0.00017	0.00327	-0.07172	-0.00016	-0.00306	-0.08479	-0.00019	-0.00361	-0.07308	-0.00016	-0.00311
30	その他の公共サービス	0.03648	0.00011	0.00048	-0.03406	-0.00011	-0.00045	-0.04027	-0.00013	-0.00053	-0.03471	-0.00011	-0.00046
31	対事業所サービス	0.03619	0.00447	0.00000	-0.03380	-0.00417	-0.00043	-0.03995	-0.00493	-0.00051	-0.03444	-0.00425	-0.00044
32	対個人サービス	0.15554	0.00079	0.02010	-0.14524	-0.00073	-0.01877	-0.17171	-0.00086	-0.02219	-0.14799	-0.00074	-0.01912
33	事務用品	0.03610	0.00013	0.00000	-0.03370	-0.00012	0.00000	-0.03985	-0.00014	0.00000	-0.03434	-0.00012	0.00000
34	分類不明	0.08903	0.00100	0.00001	-0.08313	-0.00090	-0.00001	-0.09829	-0.00106	-0.00001	-0.08471	-0.00091	-0.00001
	合　計	0.36651	0.26929		-0.34224	-0.25145		-0.40461	-0.29728		-0.34873	-0.25622	

出所：北九州市［2005］データベースにより推計

第 2 章　電力価格改定の波及効果　　31

ガス・熱供給（20）の -0.26% に次いで，鉄鋼（9）が -0.03%，商業（22）が -0.008% の順である。消費者物価指数（*CPI*）では，合計で -0.25% の値下げ効果が見られ，部門別では電力・ガス・熱供給（20）が -0.18% で一番大きく，その次に商業（22）が -0.019% の結果となった。しかし，全般的な産業別効果は他のシナリオと同じく限定的である。

4.2　福岡市の影響

4.2.1　電力価格上昇（6.23%）による影響（FS1）

　電力価格改正による福岡市のシナリオ別（FS1 ～ FS4）の分析結果は表2-5においてまとめた。福岡市における影響をみると生産価格変化（ΔP^*）において，直接的影響による電力・ガス・熱供給（17）を除けば，水道・廃棄物処理（18）が0.32%で高く，その次に教育・研究（25）と対個人サービス（29）がそれぞれ0.13%と0.11%とつづき，サービス部門での影響が大きいといえる。これは福岡市の産業構造上，製造業よりサービス業のシェアが高いことの影響ともいえよう。その一方で，繊維製品（4）が0.014%，パルプ・紙・木製品（5）が0.017%，金属製品（8）が0.018%となり製造業への影響が小さいのも特徴である。企業物価指数（*CGPI*）の変化をみると，全産業の合計では0.23%の上昇効果が見られ，部門別には電力・ガス・熱供給（17）が0.17%で，対事業所サービス（28）と情報通信（23）がともに0.007%であるが全般的に変化率は小さくその影響は限定的といえよう。また消費者物価指数（*CPI*）では全産業合計で0.18%の上昇効果が見られ，部門別には価格上昇の直接影響をうける電力・ガス・熱供給（17）が0.11%で影響度合いが一番大きく，その次に商業（19）が0.013%，対個人サービス（29）が0.012%と続くが企業物価指数（*CGPI*）と同じく全体的な影響は限定的である。

4.2.2　電力価格値下げ（5.81%）による影響（FS2）

　電力市場の自由化による価格値下げ効果をみてみよう。生産価格変化（ΔP^*）でみると，直接影響の電力・ガス・熱供給（17）を除けば，水道・廃棄物処理（18）と教育・研究（25）部門での影響が大きくそれぞれ -0.29% と -0.13% となる。さ

らに対個人サービス（29），運輸（22），商業（19）などサービス部門での影響が部門での影響が大きい結果である。一方繊維製品（4），パルプ・紙・木製品（5），金属製品（8）のような製造業への影響が小さいことは FS1 と同様である。次に企業物価指数（$CGPI$）の変化をみると，全産業の合計では -0.21% であり部門別では直接影響の電力・ガス・熱供給（17）が -0.16% で一番大きく，その次に運輸（22）と情報通信（23）部門でそれぞれ -0.007% と -0.006% であるが，全体的にその影響は小さく限定的である。また消費者物価指数（CPI）では全産業合計で -0.16% の価格低下の傾向であり産業部門では直接影響の電力・ガス・熱供給（17）が -0.1% で，その次が商業（19）と対個人サービス（29）でそれぞれ -0.012% と -0.011% の結果である。部門別の影響は企業物価指数（$CGPI$）と同じく限定的といえる。

4.2.3　電力価格値下げ（6.87%）による影響（FS3）

生産価格変化（ΔP^*）をみると，直接影響の電力・ガス・熱供給（17）を除けば，水道・廃棄物処理（18）が -0.35% で大きくその次に教育・研究（25）が -0.15%，対個人サービス（29）が -0.12% の順である。一方金属製品（8）が -0.02%，パルプ・紙・木製品（5）が -0.01%，繊維製品（4）が -0.01% で製造業への価格値下げ影響も小さい。次に企業物価指数（$CGPI$）の変化をみると全産業では -0.25% の値下げ効果がみられ，部門別では電力・ガス・熱供給（17）が -0.19% で一番大きく，運輸（22），情報通信（23），対事業所サービス（28）部門の順であるが全般的にその影響は小さい。また消費者物価指数（CPI）では全産業合計で -0.2% の値下げ効果がみられ，部門別では電力・ガス・熱供給（17）の次に商業（19）が -0.014%，対個人サービス（29）が -0.013%，不動産（21）が -0.009% の順であるが全体的にその影響は小さい。

4.2.4　電力価格値下げ（5.92%）による影響（FS4）

生産価格変化（ΔP^*）をみると，直接影響の電力・ガス・熱供給（17）を除いて，水道・廃棄物処理（18）が -0.3%，教育・研究（25）が -0.13%，対個人サービス（29）が -0.1% の値下げ効果が大きい部門である。一方繊維製品（4）が -0.013%，

表2-5　福岡市の電力価格改定によるシナリオ別分析結果（変化率；%）

No	部門名	FS1			FS2			FS3			FS4		
		ΔP^*	CGPI	CPI	ΔP^*	CGPI	CPI	ΔP^*	CGPI	CPI	ΔP^*	CGPI	CPI
1	農林水産業	0.02722	0.00049	0.00043	-0.02542	-0.00046	-0.00040	-0.03005	-0.00054	-0.00048	-0.02590	-0.00047	-0.00041
2	鉱業	0.03062	0.00015	0.00000	-0.02859	-0.00014	0.00000	-0.03380	-0.00017	-0.00000	-0.02913	-0.00014	0.00000
3	食料品	0.03701	0.00126	0.00323	-0.03456	-0.00118	-0.00302	-0.04086	-0.00139	-0.00357	-0.03522	-0.00120	-0.00308
4	繊維製品	0.01401	0.00009	0.00015	-0.01308	-0.00008	-0.00014	-0.01547	-0.00009	-0.00016	-0.01333	-0.00008	-0.00014
5	パルプ・紙・木製品	0.01798	0.00058	0.00003	-0.01678	-0.00054	-0.00003	-0.01984	-0.00064	-0.00004	-0.01710	-0.00055	-0.00003
6	化学・石油・石炭製品・非鉄金属	0.03149	0.00173	0.00075	-0.02920	-0.00162	-0.00070	-0.03476	-0.00191	-0.00083	-0.02996	-0.00165	-0.00072
7	窯業・土石製品	0.02911	0.00040	0.00003	-0.02718	-0.00037	-0.00002	-0.03213	-0.00044	-0.00003	-0.02769	-0.00038	-0.00003
8	金属製品	0.01884	0.00044	0.00003	-0.01759	-0.00041	-0.00002	-0.02080	-0.00048	-0.00003	-0.01793	-0.00042	-0.00002
9	一般機械	0.02670	0.00026	0.00000	-0.02493	-0.00024	0.00000	-0.02948	-0.00028	0.00000	-0.02541	-0.00025	0.00000
10	電気機械	0.04406	0.00017	0.00010	-0.04114	-0.00016	-0.00010	-0.04863	-0.00019	-0.00011	-0.04192	-0.00016	-0.00010
11	情報・通信機器	0.04143	0.00005	0.00158	-0.03869	-0.00005	-0.00148	-0.04574	-0.00005	-0.00175	-0.03942	-0.00005	-0.00151
12	電子部品	0.07154	0.00036	0.00006	-0.06680	-0.00034	-0.00005	-0.07898	-0.00040	-0.00006	-0.06807	-0.00034	-0.00005
13	輸送機械	0.02136	0.00019	0.00071	-0.01995	-0.00018	-0.00067	-0.02358	-0.00021	-0.00079	-0.02033	-0.00018	-0.00068
14	精密機械	0.03131	0.00008	0.00003	-0.02924	-0.00008	-0.00003	-0.03457	-0.00010	-0.00004	-0.02979	-0.00008	-0.00003
15	その他の製造工業製品	0.05590	0.00275	0.00066	-0.05220	-0.00257	-0.00061	-0.06171	-0.00303	-0.00073	-0.05319	-0.00261	-0.00063
16	建設	0.04008	0.00114	0.00000	-0.03742	-0.00107	0.00000	-0.04424	-0.00126	0.00000	-0.03813	-0.00109	0.00000
17	電力・ガス・熱供給	6.23000	0.17817	0.11580	-5.81734	-0.16636	-0.10813	-6.87758	-0.19669	-0.12784	-5.92768	-0.16952	-0.11018
18	水道・廃棄物処理	0.32000	0.00514	0.00458	-0.29880	-0.00480	-0.00428	-0.35326	-0.00568	-0.00506	-0.30447	-0.00489	-0.00436
19	商業	0.08810	0.00672	0.01305	-0.08227	-0.00627	-0.01218	-0.09726	-0.00742	-0.01440	-0.08383	-0.00639	-0.01242
20	金融・保険	0.03326	0.00313	0.00157	-0.03106	-0.00292	-0.00146	-0.03672	-0.00345	-0.00173	-0.03165	-0.00298	-0.00149
21	不動産	0.04143	0.00121	0.00854	-0.03869	-0.00113	-0.00797	-0.04574	-0.00133	-0.00943	-0.03942	-0.00115	-0.00813
22	運輸	0.08962	0.00801	0.00270	-0.08368	-0.00748	-0.00252	-0.09894	-0.00884	-0.00298	-0.08527	-0.00762	-0.00257
23	情報通信	0.06140	0.00723	0.00677	-0.05733	-0.00675	-0.00632	-0.06778	-0.00798	-0.00747	-0.05842	-0.00688	-0.00644
24	公務	0.08800	0.00004	0.00030	-0.08217	-0.00004	-0.00028	-0.09715	-0.00004	-0.00033	-0.08373	-0.00004	-0.00029
25	教育・研究	0.13957	0.00473	0.00510	-0.13033	-0.00441	-0.00476	-0.15408	-0.00522	-0.00563	-0.13280	-0.00450	-0.00485
26	医療・保健・社会保障・介護	0.08407	0.00024	0.00281	-0.07850	-0.00222	-0.00263	-0.09281	-0.00026	-0.00311	-0.07999	-0.00023	-0.00268
27	その他の公共サービス	0.04542	0.00014	0.00006	-0.04241	-0.00013	-0.00006	-0.05014	-0.00015	-0.00007	-0.04321	-0.00013	-0.00006
28	対事業所サービス	0.03856	0.00706	0.00052	-0.03600	-0.00660	-0.00049	-0.04257	-0.00780	-0.00058	-0.03669	-0.00672	-0.00050
29	対個人サービス	0.11536	0.00096	0.01239	-0.10772	-0.00090	-0.01157	-0.12735	-0.00106	-0.01368	-0.10976	-0.00091	-0.01179
30	事務用品	0.02561	0.00013	0.00000	-0.02392	-0.00012	0.00000	-0.02827	-0.00014	0.00000	-0.02437	-0.00012	0.00000
31	分類不明	0.06228	0.00096	0.00001	-0.05815	-0.00089	0.00000	-0.06875	-0.00106	-0.00001	-0.05926	-0.00091	-0.00001
	合　計		0.23400	0.18200		-0.21850	-0.16994		-0.25832	-0.20092		-0.22264	-0.17317

出所：福岡市［2005］データベースにより推計

パルプ・紙・木製品（5）が-0.017%，金属製品（8）が-0.017%でその影響が小さい部門であり上記のケースと同様産業部門での影響が小さいのが特徴ともいえる。次に企業物価指数（CGPI）の変化をみると全産業では-0.22%の値下げ効果がみられるが，産業部門別では電力・ガス・熱供給（17）が-0.16%で一番大きく，運輸（22）で-0.007%，情報通信（23）で-0.006%の順である。また消費者物価指数（CPI）では全産業合計で-0.17%の値下げ効果がみられ，部門別では電力・ガス・熱供給（17）が-0.11%，商業（19）が-0.01%，対個人サービス（29）が-0.01%の順である。産業部門での影響をみるとサービス部門での値下げ効果が大きい。ただ全般的に電力価格の値下げによる産業への影響は小さくその影響は限定的といわざるをえない。

4.3 日本の影響

4.3.1 高い値上げ率（15.33%）による影響（JS1）

ここでは全国の主要電力会社の電力価格の値上げ率（表2-2）に基づきシミュレーションを行った。まず主要電力会社の中で値上げ率が一番高い北海道電力の15.33%（2015年4月）をベースに全国の電力価格が同じ値上げをした際の波及効果をシミュレーションした。その結果を見ると（表2-6），生産価格変化（ΔP^*）において電力・ガス・熱供給（22）部門での直接影響を除けば，廃棄物処理（24）部門で4.71%の上昇効果が，その次に水道（23）部門で4.09%，教育・研究（31）部門で3.9%の生産価格上昇効果が見られる。一方，石油・石炭製品（7）では0.51%，非鉄金属（11）部門で1.87%，繊維製品（4）部門で2.43%など製造業部門での影響は他の産業より小さく，傾向としてはサービス部門での影響が大きいといえる。その要因として日本の産業構造がサービス業中心であり，その影響も大きいことにつながっているともいえよう。次に企業物価指数（$CGPI$）の変化をみると全産業では3.41%の値上げ効果が見られるが，部門別では値上げの直接影響を受けた電力・ガス・熱供給（22）部門の0.49%が一番大きく，対事業所サービス（34）部門の0.41%，商業（25）部門の0.29%の順である。また消費者物価指標（CPI）では全産業合計で3.58%の値上げ効果が見られ，不動産（27）部門の0.72%，商業（25）部門の0.58%，対個人サービス（35）部門の0.54%順としてその効果が見られる。このケースでは電力価格の値上げ率が高いことから部門別での影響も大きいことと製造業よりサービス部門での影響が大きいのが傾向として見られる。

4.3.2 平均値上げ率（8.41%）による影響（JS2）

ここでは主要電力会社の値上げ率の平均値をベースに全国の電力価格の値上げ率を想定した。まず生産価格変化（ΔP^*）では直接影響の電力・ガス・熱供給（22）部門を除けば，廃棄物処理（24）部門の2.58%が一番高く，水道（23）部門の2.24%，教育・研究（31）部門の2.14%順となる。製造業では窯業・土石製品

（9）部門の 1.93% で一番高いが，その他には非製造業部門が上位を占めており製造業への影響は比較的に小さいことがいえる。次に企業物価指数（*CGPI*）の変化をみると全産業では 1.87% の値上げ効果が見られ，直接影響の電力・ガス・熱供給（22）部門の 0.26% に続き，対事業所サービス（34）部門の 0.22%，商業（25）部門の 0.15% 順でその影響が大きい。製造業では鉄鋼（10）と化学製品（6）部門への影響が大きい。また消費者物価指数（*CPI*）では全産業合計で 1.96% の上昇効果が見られ，部門別では不動産（27）部門で 0.39%，商業（25）部門で 0.32%，対個人サービス（35）部門で 0.30% の順であるが全体的にその影響は限定的といえよう。

4.3.3　低い値上げ率（3.77%）による影響（JS3）

　ここでは，主要電力会社の中で一番低い中部電力値上げ率である 3.77%（2014年 5 月）を想定し値上げ効果をシミュレーションした。まず生産価格変化（ΔP^*）では直接影響の電力・ガス・熱供給（22）部門を除けば，廃棄物処理（24）部門において 1.15% で一番大きく，水道（23）部門の 1%，教育・研究（31）部門の 0.96% がその後を続く。次に企業物価指数（*CGPI*）の変化をみると全産業では 0.83% の上昇効果が見られ，電力・ガス・熱供給（22）部門で 0.12% が一番大きく，その次に対事業所サービス（34）部門の 0.1%，商業（25）部門の 0.07% の順である。また影響が小さい部門では情報・通信機器（18）部門の 0.001%，その他の非営利団体サービス（33）部門の 0.001%，公務（30）部門の 0.002% などサービス業が多く，影響度合いの両方においてサービス業が占めているのが特徴である。また消費者物価指数（*CPI*）では全産業合計で 0.88% の値上げ効果があり，部門別では不動産（27）部門の 0.17% が一番大きく，その次に商業（25）部門で 0.14%，対個人サービス（35）部門で 0.13% の順である。一方鉄鋼（10），鉱業（2）部門での影響は小さく製造業部門における影響は限定的といえよう。

表 2-6　日本の電力価格改定によるシナリオ別分析結果（変化率；%）

No	部門名	JS1			JS2			JS3		
		ΔP^*	CGPI	CPI	ΔP^*	CGPI	CPI	ΔP^*	CGPI	CPI
1	農林水産業	2.78946	0.06438	0.03343	1.53081	0.03533	0.01834	0.68599	0.01583	0.00822
2	鉱　業	2.54273	0.13238	-0.00005	1.39541	0.07265	-0.00003	0.62532	0.03256	-0.00001
3	飲食料品	2.91885	0.09213	0.26659	1.60182	0.05056	0.14630	0.71781	0.02266	0.06556
4	繊維製品	2.43932	0.01512	0.03110	1.33866	0.00830	0.01707	0.59989	0.00372	0.00765
5	パルプ・紙・木製品	3.53570	0.09177	0.00428	1.94033	0.05036	0.00235	0.86951	0.02257	0.00105
6	化学製品	2.78903	0.15442	0.02503	1.53057	0.08474	0.01374	0.68589	0.03798	0.00616
7	石油・石炭製品	0.51704	0.01761	0.01134	0.28375	0.00966	0.00622	0.12715	0.00433	0.00279
8	プラスチック・ゴム	3.11697	0.07618	0.00781	1.71055	0.04181	0.00429	0.76654	0.01873	0.00192
9	窯業・土石製品	3.52833	0.04524	0.00186	1.93629	0.02483	0.00102	0.86770	0.01113	0.00046
10	鉄　鋼	3.00953	0.18421	-0.00046	1.65158	0.10109	-0.00025	0.74011	0.04530	-0.00011
11	非鉄金属	1.87097	0.03990	0.00121	1.02676	0.02190	0.00066	0.46011	0.00981	0.00030
12	金属製品	3.13621	0.06541	0.00320	1.72110	0.03589	0.00175	0.77127	0.01609	0.00079
13	はん用機械	3.00799	0.02308	0.00014	1.65074	0.01267	0.00008	0.73974	0.00568	0.00003
14	生産用機械	3.01388	0.01871	0.00010	1.65397	0.01027	0.00006	0.74118	0.00460	0.00002
15	業務用機械	2.82252	0.01404	0.00202	1.54895	0.00770	0.00111	0.69412	0.00345	0.00050
16	電子部品	2.97292	0.06669	0.00144	1.63149	0.03660	0.00079	0.73111	0.01640	0.00035
17	電気機械	2.75008	0.03133	0.02831	1.50920	0.01719	0.01553	0.67631	0.00770	0.00696
18	情報・通信機器	2.62498	0.00512	0.03881	1.44054	0.00281	0.02130	0.64554	0.00126	0.00954
19	輸送機械	2.95723	0.14668	0.05545	1.62288	0.08049	0.03043	0.72725	0.03607	0.01364
20	その他の製造工業製品	3.08768	0.05385	0.02854	1.69447	0.02955	0.01566	0.75933	0.01324	0.00702
21	建　設	3.03114	0.06401	0.00000	1.66344	0.03513	0.00000	0.74543	0.01574	0.00000
22	電力・ガス・熱供給	15.33000	0.49157	0.34244	8.41286	0.26977	0.18793	3.77000	0.12089	0.08421
23	水　道	4.09849	0.02598	0.02730	2.24918	0.01426	0.01498	1.00791	0.00639	0.00671
24	廃棄物処理	4.71042	0.02825	0.00364	2.58500	0.01550	0.00200	1.15840	0.00695	0.00090
25	商　業	3.81213	0.29124	0.58764	2.09204	0.15983	0.32249	0.93749	0.07162	0.14452
26	金融・保険	3.21615	0.11539	0.17692	1.76497	0.06333	0.09709	0.79092	0.02838	0.04351
27	不動産	3.47089	0.08926	0.72658	1.90477	0.04899	0.39874	0.85357	0.02195	0.17868
28	運輸・郵便	2.61650	0.17588	0.12753	1.43590	0.09652	0.06999	0.64346	0.04325	0.03136
29	情報通信	3.34381	0.18396	0.15042	1.83503	0.10096	0.08255	0.82232	0.04524	0.03699
30	公　務	3.36986	0.00828	0.01329	1.84932	0.00454	0.00729	0.82873	0.00204	0.00327
31	教育・研究	3.90450	0.09456	0.10382	2.14272	0.05189	0.05697	0.96021	0.02325	0.02553
32	医療・福祉	3.20711	0.01363	0.14852	1.76001	0.00748	0.08150	0.78870	0.00335	0.03652
33	その他の非営利団体サービス	3.06972	0.00781	0.04367	1.68461	0.00428	0.02396	0.75491	0.00192	0.01074
34	対事業所サービス	3.18775	0.41439	0.04547	1.74938	0.22741	0.02495	0.78394	0.10191	0.01118
35	対個人サービス	3.76482	0.02428	0.54796	2.06608	0.01333	0.30071	0.92586	0.00597	0.13476
36	事務用品	2.99875	0.00859	0.00000	1.64567	0.00471	0.00000	0.73746	0.00211	0.00000
37	分類不明	3.21731	0.03495	0.00021	1.76561	0.01918	0.00012	0.79121	0.00860	0.00005
	合　計		3.41030	3.58555		1.87152	1.96769		0.83867	0.88177

出所：総務省［2011］データベースにより推計

5.　おわりに

　本章では現在日本が抱えているエネルギー安定供給課題とともに経済性を念頭に電力価格が変動した際の経済波及効果を分析した。その結果からは以下のような点がいえよう。

　第一に，北九州市（KS）と福岡市（FS）の電力価格の変動効果においては家計よりは企業の方がその影響が大きい（図2-6）。企業物価指数（CGPI）は KS1, FS1 〜

KS4, FS4において0.36%～-0.4%に対し，消費者物価指数（CPI）は0.26%～-0.29%で電力価格による影響が企業の方が大きい。しかし主要電力会社の値上げ率による日本（JS）での影響では消費者物価指数（CPI）が3.58%～0.88%に対し，企業物価指数（CGPI）は3.41%～0.83%であり消費者物価への影響が企業物価より大きい結果となった（図2-7）。このような結果については今後より詳細なデータ分析やシミュレーション前提条件の見直しも必要であるが，日本全国一律での同一の値上がりは現実として難しいことを考えると，各地方の分析をより精査する必要があると考えられる。

　第二に，北九州市と福岡市を比較すると企業物価指数（CGPI）と消費者物価指数（CPI）ともに北九州市の方がその影響が大きく，製造業中心の産業構造をもっている北九州市がサービス産業中心の福岡市より電力価格の上昇への影響を大きく受ける結果となった。また企業物価指数（CGPI）では，北九州市が鉄鋼（9），商業（22），運輸（25），対事業所サービス（31）部門で，福岡市は運輸（22），情報通信（23），対事業所サービス（28），商業（19）部門が高く，北九州市の鉄鋼（9）と化学製品（6）を除けば，両市ともにおおむねサービス部門を中心にその影響が大きいといえよう。さらに消費者物価指数（CPI）では両市ともに商業，対個人サービス，不動産，情報通信，教育・研究部門での影響が大きく見られる。

　第三に，日本の分析結果ではすべてのケースにおいて企業物価指数（CGPI）が消費者物価指数（CPI）より大きく，電力価格の上昇による影響において企業への影響が大きい（図2-7）。生産価格変化（ΔP^*）では廃棄物処理（24），水道（23），教育・研究（31）部門が高く，一方で非鉄金属（11），石油・石炭製品（7）部門が低い。部門別への影響は企業物価指数（CGPI）において対事務所サービス（34），商業（25），鉄鋼（10）が大きく，消費者物価指数（CPI）では不動産（27），商業（25），対個人サービス（35）などで大きい。総じてサービス部門での影響が大きいことと製造業の中では鉄鋼（10），化学製品（6），パルプ・紙・木製品（5）での影響が大きいといえる。

　しかし，全般的には企業物価指数（CGPI）と消費者物価指数（CPI）ともに産業部門での影響は小さく，今回の分析では限定的な影響といえよう。ただ，今後電

力価格の変動幅が大きくなることでその効果も大きく変動することとなる。すなわち，原子力発電所の再稼働と伴って，安全性確保への政策コストや海外からの化石燃料輸入によるコスト増加，再生可能エネルギー促進のためのコストが電力価格を上昇させることも今後考えられる。

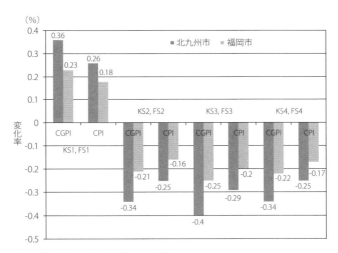

図 2-6　電力価格改定による経済への影響（北九州市と福岡市）

出所：筆者作成

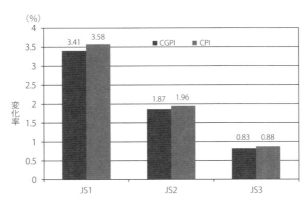

図 2-7　電力価格改定による経済への影響（日本）

出所：筆者作成

また北九州市と福岡市の分析では2005年のI-O表を利用しているため，その後のリーマンショックや東日本大震災のような社会の大きな影響が反映されてない点にも注意を払うべきであり，引き続き今後の研究課題としたい。一方で日本全体の分析では2011年版のI-O表を利用したため東日本大震災のような社会的変動要因を大きく反映した形となり，その後のアベノミクスといった政策的要素による経済の変動も反映されていないのが現状である。また本分析での均衡価格モデルが持っている制約条件を見直すことで，より現実性を高めた実証分析モデルの開発にも努めていきたい。

参考資料

表参考 2-1　　分析部門のコンバーター

北九州市		福岡市		日　本	
No	部門名	No	部門名	No	部門名
1	農林水産業	1	農林水産業	1	農林水産業
2	鉱　業	2	鉱　業	2	鉱　業
3	飲食料品	3	食料品	3	飲食料品
4	繊維製品	4	繊維製品	4	繊維製品
5	パルプ・紙・木製品	5	パルプ・紙・木製品	5	パルプ・紙・木製品
6	化学製品	6	化学・石油・石炭製品・非鉄金属	6	化学製品
7	石油・石炭製品	7	窯業・土石製品	7	石油・石炭製品
8	窯業・土石製品	8	金属製品	8	プラスチック・ゴム
9	鉄　鋼	9	一般機械	9	窯業・土石製品
10	非鉄金属	10	電気機械	10	鉄　鋼
11	金属製品	11	情報・通信機器	11	非鉄金属
12	一般機械	12	電子部品	12	金属製品
13	電気機械	13	輸送機械	13	はん用機械
14	情報・通信機器	14	精密機械	14	生産用機械
15	電子部品	15	その他の製造工業製品	15	業務用機械
16	輸送機械	16	建　設	16	電子部品
17	精密機械	17	電力・ガス・熱供給	17	電気機械
18	その他の製造工業製品	18	水道・廃棄物処理	18	情報・通信機械
19	建　設	19	商　業	19	輸送機械
20	電力・ガス・熱供給	20	金融・保険	20	その他の製造工業製品
21	水道・廃棄物処理	21	不動産	21	建　設
22	商　業	22	運　輸	22	電力・ガス・熱供給
23	金融・保険	23	情報通信	23	水　道
24	不動産	24	公　務	24	廃棄物処理
25	運　輸	25	教育・研究	25	商　業
26	情報通信	26	医療・保健・社会保障・介護	26	金融・保険
27	公　務	27	その他の公共サービス	27	不動産
28	教育・研究	28	対事業所サービス	28	運輸・郵便
29	医療・保健・社会保障・介護	29	対個人サービス	29	情報通信
30	その他の公共サービス	30	事務用品	30	公　務
31	対事業所サービス	31	分類不明	31	教育・研究
32	対個人サービス			32	医療・福祉
33	事務用品			33	その他の非営利団体サービス
34	分類不明			34	対事業所サービス
				35	対個人サービス
				36	事務用品
				37	分類不明

出所：北九州市［2005］，福岡市［2005］及び総務省［2011］より筆者作成

参考文献

European Commission［2010］Directorate-General for Energy, Quarterly Report on European Electricity Markets, Vol.3, Issue4.（https://ec.europa.eu/energy/en/data-analysis/market-analysis）

OECD/IEA［2017］Energy Prices and Taxes Statistics 2017, OECD/IEA.

Pollitt, Michael G［2009］Electricity Liberalisation in the European Union：A Progress Report, EPPG Working Paper 0929, Cambridge Working Paper in Economics 0953.

東愛子［2014］「電力広域融通が電力部門の発電コストにもたらす影響」『経済學研究』第 63 巻, 第 2 号, pp.133-141（http://hdl.handle.net/2115/54581）

井出眞弘［2003］『Excel による産業連関分析』産能大学出版部刊

井熊均［2015］『続 2020 年, 電力大再編』日刊工業新聞社

エネルギー・環境会議［2011］『コスト等検証委員会報告書』環境省エネルギー・環境会議（https://www.env.go.jp/council/06earth/y060-100/mat02_3.pdf）

大山睦［2012］「電力市場の自由化を考える」『地球経済経営ネットワーク研究センター年報』第 1 号, pp.101-103（http://hdl.handle.net/2115/48843）

小畑徳彦［2012］「EU 電力市場の自由化と EU 競争法」『流通科学大学論集』第 20 巻, 第 2 号, pp.25-49

北九州市［2005］『北九州市の産業連関表』北九州市（http://www.city.kitakyushu.lg.jp/soumu/file_0313.html）

経済産業省［2014a］『エネルギー基本計画』経済産業省（http://www.meti.go.jp/press/2014/04/2014041100/20140411001-1.pdf）

経済産業省［2014b］『電気事業法等の一部を改正する法律』経済産業省（http://www.enecho.meti.go.jp/category/electricity_and_gas/electric/system_reform004/pdf/20140611_01.pdf）

経済産業省［2015］『長期エネルギー需給見通し』経済産業省（http://www.meti.go.jp/press/2015/07/20150716004/20150716004_2.pdf）

経済産業省［2016a］『東京電力改革・1F 問題委員会　提言原案骨子案』経済産業省（http://www.meti.go.jp/committee/kenkyukai/energy_environment/touden_1f/pdf/006_01_00.pdf）

経済産業省［2016b］『東京電力改革・1F 問題委員会　提言原案骨子案（参考資料）』経済産業省（http://www.meti.go.jp/committee/kenkyukai/energy_environment/touden_1f/pdf/006_s01_00.pdf）

原子力規制委員会［2016］『実用発電用原子炉に係る新規制基準について』原子力規制委員会（https://www.nsr.go.jp/data/000070101.pdf）

齋藤信他［2011］「電気料金値上げによる東北地域産業, 家計への影響」『Future

Sight』第 54 号，p.7（https://www.f-ric.co.jp/fs/201110/07.pdf）

資源エネルギー庁［2015］『電気料金の水準』経済産業省（http://www.meti.go.jp/committee/sougouenergy/denryoku_gas/kihonseisaku/pdf/002_04_02.pdf）

資源エネルギー庁［2016a］『平成 27 年度エネルギーに関する年次報告（エネルギー白書 2016）』資源エネルギー庁

資源エネルギー庁［2016b］『電気事業制度について』資源エネルギー庁（http://www.enecho.meti.go.jp/category/electricity_and_gas/electric/summary）

資源エネルギー庁［2017］『平成 28 年度エネルギーに関する年次報告（エネルギー白書 2017）』資源エネルギー庁

総務省［2011］『平成 23 年（2011 年）産業連関表（確報）』総務省（http://www.soumu.go.jp/toukei_toukatsu/data/io/ichiran.htm）

高橋優斗・鈴木秀幸・合原一幸［2014］「再生可能エネルギーを考慮した電力市場の価格決定方式の解析」『生産研究』第 66 巻，第 3 号，pp.39-43（https://www.jstage.jst.go.jp/article/seisankenkyu/66/3/66_309/pdf）

田中清秀［2005］『地域産業連関分析による電力顧客セグメンテーション手法の開発―価格戦略策定のための顧客類型化』電力中央研究所報告，研究報告Y04003，電力中央研究所

田中智秦［2014］「電力産業における規制改革の効果に関する文献研究」『商経学叢』第 61 巻，第 1 号，pp.77-94

津野田美幸・永富悠［2016］「電力自由化における料金体系と太陽光発電の経済性」『研究レポート（2016 年 12 月 2 日）』（http://eneken.ieej.or.jp/data/7037.pdf）

鄭雨宗［2017.3］「電力価格改定による物価変動への影響」『社会環境学』第 6 巻，第 1 号，pp.1-12

電力・ガス取引監視等委員会［2017.5.16］『平成 29 年 1 月分電力取引報結果』News Release，電力・ガス取引監視等委員会（http://www.emsc.meti.go.jp/info/public/pdf/20170418001a.pdf）

富田輝博［1975］「電気料金改定の波及効果」『電力経済研究』No.8, pp.51-61（http://criepi.denken.or.jp/jp/serc/periodicals/pdf/periodicals08_05.pdf）

西野義彦・富田輝博［1977］「電気料金変化の動学的波及分析」『電力経済研究』No.11, pp.79-89（http://criepi.denken.or.jp/jp/serc/periodicals/pdf/periodicals11_05.pdf）

藤井秀昭［2016］「日本の再生可能エネルギー政策の現状と課題―再生可能エネルギー事業の新規参入者からみた障壁」『京都産業大学総合学術研究所所報』第 11 巻，pp.55-87

藤波匠［2012a］「電力料金上昇の影響分析とその対策」『Business & Economic Review』pp.31-52（https://www.jri.co.jp/MediaLibrary/file/report/ber/pdf/9545.pdf）

藤波匠［2012b］「電力料金上昇の影響分析とその対策」『政策観測』No.38，pp.1-10（https://www.jri.co.jp/MediaLibrary/file/report/policy/pdf/6113.pdf）

福岡市［2005］『福岡市の産業連関表』福岡市（http://www.city.fukuoka.lg.jp/soki/tokeichosa/shisei/toukei/renkanhyo/sangyourenkanhyou.html）

朴勝俊［2005］「原子力発電所の過酷事故に伴う被害額の試算」『国民経済雑誌』第191巻，第3号，pp.1-15

細江宜裕・田中誠［2011］「東電賠償原資調達スキームと必然的アンバンドリング」GRIPS Discussion Paper　11-02，政策研究大学大学院（GRIPS）（http://www.grips.ac.jp/r-center/wp-content/uploads/11-02.pdf）

柳澤明［2016］『全面自由化された電力小売価格を計る統計は？』エネルギー経済研究所（http://enecken.ieej.or.jp/data/6895.pdf）

第3章

日本と中国における MFCA 研究動向と競争優位戦略の分析

李　　文　忠

1. はじめに

　1997 年の地球温暖化防止京都会議 (COP3) にて，京都議定書の枠組みが提案されており，すでに 20 年が過ぎた。その後，日本では政府の環境戦略や自治体，企業などによるさまざまな取組みがあった。2007 年には，6 月 1 日に「21 世紀環境立国戦略」が閣議で決定された。その中で，8 つの環境戦略が提案された。日本は，気候変動問題の克服に向けた国際的リーダーシップの発揮及び「日本モデルとして世界に向けて発信」するために「環境立国・日本」の旗を振って進んでいる (環境省 [2001])。日本が環境管理会計の手法として MFCA を国際規格として提案したのもこの時期であった。

　日本は環境保全の先進国である。とりわけ企業に対する環境調査が 1991 年 (平成 3) 年から今年まで毎年「環境にやさしい企業行動調査」[1]が行われ，その結果は 26 年間連続して発表されている。よって多くの企業は環境会計情報開示を積極的に行っている。また，20 年前 (1998 年) から日本経済新聞社が毎年環境経営に関する調査を行っている。今年，20 回めとなった[2]。これは企業の環境経営への取組みについての社会的な企業イメージに対する評価である。

　企業の外部環境会計について，環境省では，「環境会計への取組を支援するために，環境会計に関する共通の枠組みを構築することを目的として，平成 11 年

1　環境省 (http://www.env.go.jp/) (2016 年 5 月 10 日閲覧)
2　『日本経済新聞』2017 年 1 月 23 日

3月の『環境保全コストの把握及び公表に関するガイドライン（中間取りまとめ）』以降，平成12年5月に『環境会計システムの導入のためのガイドライン（2000年版）』を，平成14年3月には，その改訂版である『環境会計ガイドライン2002年版』」を取りまとめ，公表した（環境省［2005］p.1）。

　一方，企業の内部環境会計（環境管理会計）の取組みについて国際的には，環境管理会計国連持続可能開発部（United Nations Division for Sustainable Development, UNDSD）が2001年に発行した『環境管理会計の手続きと原則』（*Environmental Management Accounting　Procedures and Principles*, EMAPP）によると，環境管理会計（Environmental Management Accounting, EMA）における政府の役割の改善に関する専門家会合は，環境に適した安全な技術を討議することに関し，1998年に開催された国連の持続可能な開発委員会（CSD6）において非公式に話し合われたこの問題に，さらに検討を加えるものとして設立され，専門家会合が開かれた。

　専門家会合には，国連持続可能開発部をはじめ各国の環境省庁，国際機関，企業，会計事務所，国連機関が参加している。これまでの会合には，オーストラリア，中国，ドイツ，日本，米国などを含む28か国の政府機関が参加している（UNDSD，環境省訳［2001］はじめに）。

　そのEMAPPの「6.4フローコスト会計」では，ドイツ民間環境経営研究所（Institut für Management und Umwelt, 以下IMUと略称）によって「フロー・コスト会計とは，フローマネジメントとして知られる新しいマネジメント・アプローチの核となる道具である」と定義されている（UNDSD，環境省訳［2001］p.64）。3回の会合は，その後の環境管理会計及びマテリアルフローコスト会計（Material Flow Cost Accounting, 以下MFCAと略称）の日本における研究及び普及に多大な影響を与えている。

　この間，2000年5月に神戸大学の國部克彦教授は環境庁の依頼で国連持続可能開発部が主催して，環境管理会計の専門家会合がウイーンで開催された際に，ドイツのアウグスブルク大学のワーグナー教授のマテリアルフローコスト会計の報告を聴いたことを機に，日本に帰国後，日本企業に役立つ環境管理会計手法の開発に取組んだ。國部はこの取組みを一つの手法として経済産業省のプロ

第3章　日本と中国におけるMFCA研究動向と競争優位戦略の分析　　45

ジェクトに導入し，日東電工にも協力を求め，マテリアルフローコスト会計のプロジェクトが始まった。國部は関西大学の中嶌道靖教授とともにプロジェクトに中心的に関わった（國部・中嶌［2002］p.2）。

これを機に，その後の日本では環境省，経済産業省がいち早く EMA の研究の主導権を握り，政府の役割を大きく果たして，政府，大学，研究機関，公認会計士，企業実務家による委員会を設置し，1999年から3年間の研究を経て，2002年6月に日本版の『環境管理会計の手続きと原則』すなわち，『環境管理会計ワークブック』を取りまとめたのである。その第4章「マテリアルフローコスト会計」では，2001年度に企業導入の4つの事例を紹介している。すなわち，日東電工の導入実験，田辺製薬の導入実験，タキロンの導入実験，キヤノンの導入実験である（経済産業省［2002］pp.79-151）。

つづいて，日本の経済産業省の委託研究で毎年のようにマテリアルフローコスト会計に関する報告書を公表していた。経済産業省の主導下で ISO14000 シリーズの所轄専門委員会（TC）207に対して日本が2007年11月に MFCA 国際標準化を提案し，2011年9月に ISO14051国際規格の発行に至ったのである。

本研究はこの背景を踏まえ，以下のことを目的とする。まず，1999年8月に国連持続可能開発部の環境管理会計に関する会合の開催というチャンスが同じアジアにある日本と中国ともに与えられていたことで，1999年から2016年までの18年の間，日本と中国におけるマテリアルフローコスト会計に関する政府の戦略，企業及び大学研究機関における研究動向を比較し，「仮説1─MFCA の研究における中国の出遅れと日本の競争優位」を明らかにすることである。

もう一つの目的は，競争優位の視点から，日本と中国における MFCA 研究を比較分析によって日本の先駆けと中国の出遅れの要因は政府主導があるか否かという決定的な要因を分析し，「仮説2─日本型ダイヤモンドの存在」を明らかにすることである。

2. 先行研究と研究方法

2.1 先行研究

　前述したように，マテリアルフローコスト会計は1990年代にドイツで開発され，UNDSDにより世界に広がったが，日本政府がこのチャンスをつかんで，国内における研究及び企業の取組みを重ねた後，ISO国際規格委員会に提案し，イニシアティブを取り，2011年9月にISO14051国際規格の発行に至ったのである。この18年の間，同じアジアにある中国も日本と同様のチャンスを迎えていたが，この両国におけるMFCAに関する研究成果は全く異なった結果となった。MFCAの研究動向について日本では経済産業省委託事業による各年度報告書（MFCA関連の政府刊行物を参照）で詳細に取りまとめている。

　日本におけるMFCA研究動向に関する論文としては篠原［2015］が日本におけるMFCAの研究動向をとりまとめている（篠原［2015］）。

　中国国内では研究動向の論文が見当たらないが，日本においては張・鈴木［2013］が中国におけるMFCA研究の現状を分析した（張・鈴木［2013］）。

　本稿では，独自の視点から日本と中国におけるMFCAの研究動向と到達点（政府の取組み，大学等の研究機関の成果，企業事例の成果を含む，以下同）を分析する。

　また，分析モデルとして本稿では競争優位理論をもって行うこととした。競争優位理論は1985年にM・E・ポーター［1985］がいかに高業績を持続させるかという競争優位の戦略について著書を発表したことに端を発する。企業の競争優位の決定要因はダイヤモンドモデルで分析することを示した。

　日本では，競争優位理論による分析が行われている。その中で日本型政府モデルの分析で「エリートであるキャリア官僚を擁するこれら省庁は政治家の任期を大きく超えて，政策に連続性を確保する役割を果たした」と指摘された（ポーター［2000］p. 40）。

　また，ポーター［2000］は第二次大戦後日本における経済の成功戦略について，日本型政府モデルを構成する基本要素として12要素をまとめた（ポーター［2000］pp.40-59）。森［2007］はポーターをはじめ1980年代から2005年にかけて

のさまざまな競争優位戦略のコンセプトをまとめたものである。さらに，菊澤［2008］はポーターの5つの競争要因モデルとして産業間の競争を中心に分析し，そして IBM とアップルの事例から戦略の同時展開が可能であると立証したが，それがポーター理論の限界と指摘している（菊澤［2008］pp.52-62）。

　筆者は，ポーターのダイヤモンドモデルを変形して，世界の会計市場における国々の競争優位を背景に，中国の会計士業界の成長パターンに着目しその中国型ダイヤモンドモデルの実在性を明らかにした。その上，国の競争優位は数多くの決定要因の中でそれぞれの決定要因が果たした役割は異なり，必ず支配的な決定要因が存在し，とりわけ中国のパターンでは政府ガバナンスが支配的な決定要因であることを明らかにした（李［2016］169-185）。

2.2　研究方法

2.2.1　MFCA 研究論文等の発表数と時系列分析

　本稿は日本において国立国会図書館の検索サイトで「MFCA」と「マテリアルフローコスト会計」のキーワードを入力して検索した1999年から2016年まで出版された図書，公表された政府刊行物，発表された論文等を整理したものである。これは日本の主要な会計関連雑誌，出版物はほぼ網羅している。そのうえに，経済産業省ホームページからダウンロードした1999年から2011年までのMFCA 報告書，そして1999年から2016年まで出版された MFCA 関連図書の参考文献も含めて整理して作成した326件の報告書，図書，論文・記事などである。

　一方，中国における MFCA の研究動向について，大学の論文検索サイト及び国家図書館の論文検索サイトで「MFCA」，「物質流成本会計」，「物料流量成本会計」，「資源流会計」などのキーワードを入力して検索した論文等を延べ400件入手した。それらの内容について一つ一つを確認し，あまり関連のないものを除いて整理した後，合計180件を対象にした。但し，そのうち48件は修士論文である。本研究では，日本における論文等の発表数を集計する場合，修士論文を対象外としたため，日本と中国とを比較する際（表3-1と表3-3），修士論文項目を除外することとした。

日本と中国に対して1999年から2016年まで発表されたすべての政府刊行物，論文，著書などを網羅したわけではないが，その研究動向の分析，評価の対象として統計上に十分に説明できるデータであると考える。

2.2.2 MFCA 研究内容と研究の到達点

つづいて，MFCA 研究にあたって，日本と中国で発表された政府刊行物，著書，論文などの内容を検討し，そして研究の水準を評価し，それぞれの到達点を明らかにする。

2.2.3 日本型ダイヤモンドモデルの分析

ポーターの競争優位理論をもとに，MFCA の研究における日本型ダイヤモンドモデルの実在及びその中の「支配的な決定要因」の存在を分析する。

3. 分析モデル

3.1 仮説1 ― MFCA の研究における中国の出遅れと日本の競争優位

この仮説の立証は統計的分析を用いて，日本と中国における MFCA の研究に対して，それぞれに発表された政府刊行物，会計関連の雑誌で発表された論文等，その他の雑誌で発表された論文等，出版された著書などをまとめて一覧表にする。それから研究の趨勢として各年度別の発表数をグラフ化した。さらに，日本と中国の研究趨勢について各年度別の比較グラフを作成した。

つづいて，MFCA の研究は日本が先駆けであるため，その研究内容と成果について，日本の経済産業省が発行した政府刊行物を中心にまとめる。

3.2 仮説2 ―日本型ダイヤモンドの存在

ポーターは産業界を中心としたダイヤモンド分析について「政府を第五の決定要因にしたい気持もある。しかし，そうすることは正しくないし，また国際競争における政府の役割を理解する有効なやり方でもない。政府の本当の役割は，

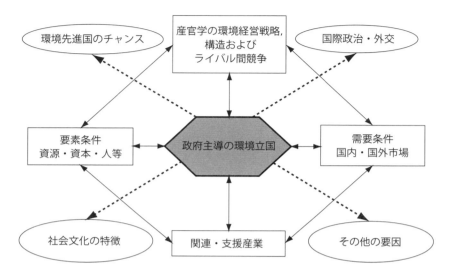

図 3-1　仮説 2—「日本型ダイヤモンドモデル (MFCA 研究における競争優位)」
出所：筆者作成

四つの決定要因に影響を与えるということにある。」(ポーター [1992] p.187) と述べた。政府が単なる四つの決定要因に影響を与えるだけで，あくまで企業は主役であり，政府は脇役に過ぎないとされてきた。

　しかしながら，本稿の観点ではいわゆる欧米型市場経済に対してはポーターのダイヤモンド分析で説得力があるが，中国のパターンまたは日本のパターンに対してはこの説明では納得できない点が多い。例えば前述した筆者が検証した中国のパターンは政府が会計士業界に対して常に支配的な立場にあり，業界の各々の成長戦略にあたって，提案，業界政策，実施，検証などすべての手順において常に支配的な存在であった。すなわち「中国型ダイヤモンドモデル (会計業界の競争優位)」の最大特徴は中国政府は脇役ではなく，主役であり，支配的な要因であった。それに対して，日本では図3-1で示すように政府が主役ではあるが，企業，大学などの研究機関は集団的に行動するのが特徴である。

国の競争優位を分析する場合に，数多くの決定要因の中で統括不可の外部要因（客観的）と統括可能な内部要因（主観的）を分けることができると考える。本稿でいう支配的な決定要因とは，ある国が競争優位を勝ち取った場合，決定要因が果たした役割のウエートはそれぞれ異なり，その最も大きなウェートを占めている要因をいう。例えばポーター［1992］によると，アメリカは「戦争（チャンス）の役割」が大きいとされている，スイス政府の産業政策は最大の弱点である，ドイツは差別化戦略によって世界輸出シェアが大きい，等々と指摘されている（ポーター［1992］，pp.407-533）。とりわけ中国における公認会計士の発展戦略が多大な成果を成し遂げた要因は，政府が「平和（チャンス）」を大事にしてすべての資源を統括して実行したからである。（李［2016］pp.169-185）。また，日本は政府（官僚）が主導する構造で知られるが，かつての経済高度成長期の環境問題での辛い経験を生かして，現在は「環境先進国としてのチャンス」があるといえる。この場合，達成目標が明らかにされているので，政府（官僚）主導での産官学の三位一体（集団行動）の取組み体制が特徴である。

4.　分析データ

4.1　日本における MFCA の研究動向と成果

4.1.1　日本における環境管理会計研究の先駆け─経済産業省の主導的役割

　経済産業省（2001年1月までは通商産業省─以下，経産省と略記）は1999年に環境管理会計の統一指針の作成に着手した。このため，経産省は，1999年から2001年までの3年間にわたり，社団法人産業環境管理協会に委託し，同協会内に環境ビジネス発展促進等調査研究環境会計委員会を設置した。同委員会では，環境会計本委員会のほか，次の5つの小委員会を設置し，調査・検討を進めた。

　　①環境配慮型設備投資決定手法検討小委員会（WG1）

　　②環境配慮型原価管理システム検討小委員会（WG2）

　　③マテリアルフロー・コスト会計検討小委員会（WG3）

　　④ライフサイクル・コスティング検討小委員会（WG4）

⑤環境配慮型業績評価システム検討小委員会 (WG5)

　図3-2で示すように，日本では，マテリアルフローコスト会計に関する研究として経産省が1999年に産業環境管理協会に委託して3年計画の環境会計の調査プロジェクトを立ち上げている。2002年にはその成果として経産省産業技術環境局環境政策課環境調和産業推進室から，6月に初めて『環境管理会計手法ワークブック』(『経産省指針』と略称) として公表された (経済産業省 [2002])。その中でマテリアルフローコスト会計検討小委員会 (WG3) は産官学のメンバーで構成されていた。経済産業省 [2002]『環境管理会計ワークブック』ではMFCAに関する研究成果及び発展として，MFCA産出を製品 (良品) と「負の製品」(廃棄物を第二の製品とする) とを分類して考えることである。物量センター，改善点の発見と改善活動，マテリアルフローコスト会計の導入によるコスト・ベネフィット情報の蓄積などの先駆けとして成果をあげている。

　その後，2002年8月に國部克彦氏と中嶌道靖氏により『マテリアルフローコス

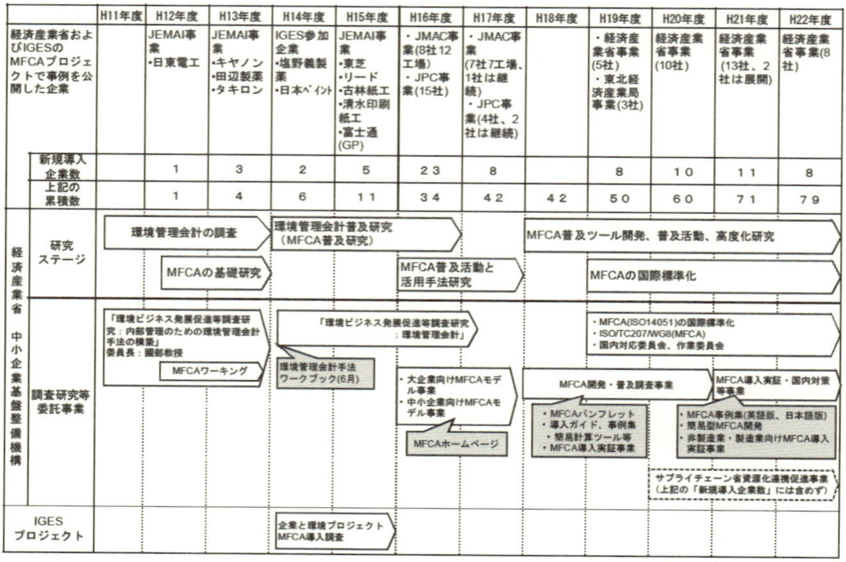

図 3-2　日本における MFCA 研究の成果 (1999 ～ 2011 年)

出所：株式会社日本能率協会コンサルティング [2011]『マテリアルフローコスト会計導入実証・国内
　　　対策等事業　報告書』p.3

ト会計—環境管理会計の革新的手法』という本が出版された。これは日本では初めてのマテリアルフローコスト会計に関する著書である。その後 MFCA ホームページの開設，MFCA 導入ガイドラインの公表，MFCA 事例集，MFCA 簡易計算ツール等，日本 MFCA フォーラムの設立[3]，MFCA（ISO14051）の国際標準化，実証事業，MFCA 簡易版の開発，非製造業・製造業向け MFCA 導入実証事業，サプライチェーン省資源化連携促進事業などが進められていった。

　経済産業省は日本において，企業に MFCA を普及させるために，MFCA 導入の7つのステップ，MFCA バランス集計表を開発した。また，下記に示す中小企業，小規模事業者向け「簡易型 MFCA（仮称）」計算ツールを開発し，『MFCA 簡易手法ガイド（2009年版）』として公表した。

MFCA 簡易手法ガイドの構成

1．MFCA 簡易手法の目的と手法の紹介

2．MFCA 手法の具体的な効果

3．MFCA 導入ステップ

4．MFCA 簡易手法の基本的な手順

　日本能率協会コンサルティング［2011］によると，MFCA 導入を公表した企業数について，2000年1社から2011年までに累積79社となり，非公開会社を含めて2008年現在には約100社が導入した（國部・中嶌［2008］p.5）。その後，2011年現在には約300社が導入している（古川・立川［2011］p.5）。

　また，國部・中嶌［2008］によると，マテリアルフローコスト会計の国際標準化は ISO/TC207（Technical Committee 207）で進められている。TC207直轄の

3　日本 MFCA フォーラム（http://www.mfca-forum.com/about）によると，このフォーラムは「MFCA を日本，世界に普及させ，そのメリットを産業界として得るために，この目的を共有し，産官学民の垣根を超えて，企業，公共団体，研究者，市民が提携する場として設立された」その目的は MFCA による「資源効率向上と経営効率の向上の両方の実現」を産業界にもたらすことである。会長は國部克彦（神戸大学教授・ISO/TC207/WG8（MFCA 議長））である。

WG8（Working Group8）が設立された。その後，國部はWG8の議長に就任し，幹事には日東電工株式会社の古川芳邦氏が就任した。また，幹事補佐は立川博巳氏（プロファーム ジャパン株式会社）で，日本代表エキスパートを務めるとともに，日本のエキスパートには中嶌道靖氏とキヤノン株式会社の二神龍太郎氏が登録されていた（國部・中嶌［2008］pp.27-29）。このようにISO/TC207において日本がはじめて主導してMFCAの国際標準規格を進め，2011年9月にマテリアルフローコスト会計の国際標準化，すなわちISO14051（MFCA）として国際規格化された。

4.1.2　日本の大学等の研究機関による研究動向

　日本におけるMFCAの研究論文等については，図3-3に示した。日本におけるMFCA研究論文等の発表数を見ると，2000年経済産業省の委託研究報告書をはじめ，毎年上昇し，その後国際規格14051が発行された2011年には発表論文等の数は48とピークとなった。一転，2012年以降からは下がり続け2016年の発表論文数は8までに下がった。

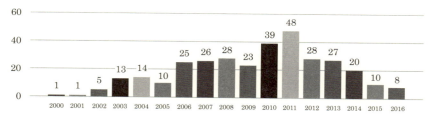

図3-3　日本におけるMFCA研究論文等の発表数（2000〜2016年）
出所：国立国会図書館（http://www.ndl.go.jp/）2017年3月9日，経済産業省（http://www.meti.go.jp/）2002年〜2017年5月10日の検索より筆者作成

表3-1　日本におけるMFCA研究論文等の発表分類

合　計	政府刊行物	著　書	論文記事	博士論文
326	15	11	292	8

出所：国立国会図書館（http://www.ndl.go.jp/）2017年3月9日，経済産業省（http://www.meti.go.jp/）2002年〜2017年5月10日の検索より筆者作成

表3-1で示すように，発表された研究論文等の総数は326であった。そのうち，政府刊行物，すなわち経済産業省による委託研究の報告書15，著書11，論文記事292，博士論文8となっている。なによりも日本でのマテリアルフローコスト会計が提起された先駆けとしては，政府刊行物では，経済産業省委託研究報告書（産業環境管理協会［2000］）及び『環境管理会計手法ワークブック』（経済産業省［2002］），論文としては國部克彦氏の「外部報告から内部マネジメントへ　サプライチェーンとマテリアルフロー」（國部［2000］），著書としては國部克彦氏・中嶌道靖氏の『マテリアルフローコスト会計―環境管理会計の革新的手法』（國部・中嶌［2002］）が挙げられる。とりわけこの著書によって日本におけるMFCA研究成果の空白を埋める多大な貢献がなされたといえる。

4.1.3　中国におけるMFCAの研究動向と到達点

前述した研究手法を用いて中国で公表された論文などを集計して表3-2に示した。会計雑誌50，その他の雑誌52，大学紀要等27，博士論文3，修士論文48を合わせて合計180であった。また，論文等の発表年度別に分けると，図3-4で示すように2007年から増え続け2011年には29となり，2014年31をピークに，その後下がり続け2016年には13となった。なお，修士論文を除いても同様の傾向である。さらに，表3-3は表3-1の項目にあわせたものである。これをみると，中国における政府刊行物と著書の発表がゼロという点はMFCAに対する政府の取

表3-2　中国におけるMFCA研究論文等の発表分類（1）

合　計	会計雑誌	その他の雑誌	大学紀要等	博士論文	修士論文
180	50	52	27	3	48

出所：国家図書館・大学論文データベースの検索より筆者作成

表3-3　中国におけるMFCA研究論文等の発表分類（2）

合　計	政府刊行物	著　書	記事論文	博士論文
132	0	0	129	3

出所：国家図書館・大学論文データベースの検索より筆者作成

図 3-4　中国における MFCA 研究論文数
出所：国家図書館・大学論文データベースの検索より筆者作成

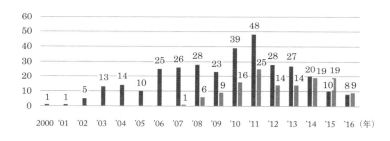

図 3-5　日本と中国における MFCA の研究論文数の比較
出所：国家図書館・大学論文データベースの検索より筆者作成

組み姿勢と学界の研究到達点が示されている。

　図3-4によると，中国では初めてMFCAが紹介されたのは2007年であるが，張・他［2015］によると，中国で初めてMFCAが紹介されたのは2003年の謝・梁［2003］であるという。しかし，4年早くMFCAが中国に紹介されていたとしても中国の出遅れの事実は変わりはしない。

　図3-5は，2000年から2016年まで，日本と中国におけるMFCA研究論文等を時系列に作成したグラフである。すなわち，両国ともに2011年ISO14051国際規格が発行された年の前後にはピークとなり，その後下がっている傾向である。

表 3-4　日本と中国における MFCA の取組みと研究の到達点

日本の取組みと研究成果	中国論文等研究の到達点
１．環境管理会計手法ワークブック（1999-2002）	○
MFCA の概念	○
コスト 3 要素とその概念	○
マスバランス	
「正の製品」，「第 2 の製品」＝「負の製品」	○
MFCA 導入のステップ	○
日東電工，田辺製薬，タキロン，キヤノン事例	○
２．國部・中嶌［2002］，［2008］著書	○
マテリアルフローコスト報告書	
中小企業での MFCA 成功事例（清水印刷紙工）	
３．経済産業省委託事業報告書（2003-2011）	
大企業向け MFCA モデル事業（2004-2005）	
中小企業向け MFCA モデル事業（2004-2005）	
ISO 国際規格の提案と対応（2007-2011）	
マテリアルフローコスト会計手法導入ガイド（2009最終版）	○
サプライチェーンを通した MFCA の適用（2008-2011）	
日本 MFCA フォーラムの創設（2009）	
MFCA 普及活動成果物（2009）	
パンフレット・導入ガイド・セミナー・簡易計算ツール・研修プログラム・ホームページ	
MFCA 導入アドバイザーの設置・運営（2009）	
中小企業向け「MFCA 簡易手法」の開発（2010）	○
水とエネルギーの MFCA（2011）	
サービス業等，非製造分野の MFCA（2011）	
MFCA 導入事例集（2011）	
MFCA バランスシート（2011）	○
４．2011 年 9 月 ISO14051 国際規格発行[4]	○
５．安城・下垣［2011］著書（図説 ISO14051）	
６．MFCA のサプライチェーンの国際標準化提案（2014）	○

出所：経済産業省各年度の政府刊行物，國部・中嶌［2002］，國部・中嶌［2008］などより筆者作成

　表3-4は，日本における MFCA に関する取組みと研究の到達点（先駆性，革新性，普遍性，波及効果等）及び中国においてそれを紹介しながら発表された論文等の到達点の検証一覧である。本稿は中国で発表された132本の論文を確認しなが

4　ISO14051 国際規格の要求事項は，1. 適用範囲，2. 引用規格，3. 用語及び定義，4. MFCA の目的及び原則（4.1 〜 4.2），5. MFCA の基本要素（5.1 〜 5.4），6. MFCA の実施手順（6.1 〜 6.11）などがあり，その詳細な内容が掲示されている。

ら，その到達点を取りまとめて評価した。MFCA の研究は紛れもなく日本は先駆けで中国はその後塵を拝して進んでいる。これらの論文等で示された到達点は日本のほうが圧倒的に優れている。また，多くの中国論文等は MFCA の概念または誕生の経緯，日本の先進事例に触れただけで直ちに自己流の研究を展開し，各自の限られた知識に基づいて MFCA の研究が進められていると思われる。または，中国研究者の間で発表された MFCA 関連論文等を引用している。その中から，表3-4での日本の到達点を基準に，中国論文の到達点として評価できるものを次に示しておく。

肖［2009］は，MFCA 概念，マテリアルコスト，システムコスト，配送／処理コスト，マテリアルフローモデル，フローコストマトリックスなどについて言及している。

鄧［2009］は，経済産業省が発行した「マテリアルフローコスト会計導入ガイド」をもとに日本の株式会社 Sumiron の事例を検証し，これまで日本の MFCAを紹介した論文の中で到達点の高いものと思われる。

羅・肖［2009］は，ISO14051国際規格が発行された後，その意義と効果などを分析した。

朱・程［2010］は，正の製品と負の製品について言及し，実験的に D 企業に対してマテリアルフローチャートとマテリアルコスト計算表を作成し，環境評価を行った。

張［2013］は，日本の山口大学東亜経済研究所の研究員であり，2012年6月に中国企業200社に対して電話または郵送回答でアンケート調査を実施した。有効回答は66社であった。その結果，MFCA については導入している企業数は5社（7.6%，そのうち大企業3社，中小企業2社），MFCA を「知っている」企業は24社（36.4%），「知らない」企業は37社（56.1%），すなわち導入していない企業は92.4%であった。

中嶌・岡・呉［2014］は，2014年に中国会計学会環境資源会計専門委員会2014学術年会において研究発表された。1999年から今日まで日本における産官学が三位一体で MFCA の研究を行ってきた現状を紹介し，最後に中国企業の環境責

任意識のなさ及び環境情報開示に対する認識不足を指摘し，MFCA の中国での普及を期待している。

張・宮［2014］は，2010年までの日本における MFCA 研究の進捗状況を紹介した。

張・他［2015］は，日本の日東電工の事例に対してその導入ステップについて言及したことが評価できる。張は日本に留学したことがあるため，日本で公表された資料を入手することができる。したがって，MFCA に対する理解度は比較的に高いと思われる。

また，2011年 ISO14051国際規格が発行された後，表3-4で示した安城・下垣［2011］の研究成果には，ISO14051規格の4.1MFCA 目的及び原則，5.基本要素（5.1物量センター，5.2マテリアルバランス，5.3コスト計算，5.4マテリアルフローモデル）6.MFCA の実施手順（6.1一般～ 6.11改善の機会の識別及び評価）について詳細に解説しているが，中国論文ではこの国際規格の内容の検討が見当たらない。ISO シリーズの仕組みに対する理解が不十分ではないかと思われる。

一方，鄭［2011］によると，林万祥氏と肖序氏が2006年に陸鐘武院士のマテリアル分析手法をもとに資源フローコストの概念を提起し，独創的に「資源流原価計算」（Resource Flow Cost Accounting，RFCA，日本語：リソーシズフローコスト会計）を環境管理会計の内容として発展させた。すなわち，RFCA は検証する範囲を製品，製造プロセス（過程），設備などの設計段階に拡大させた。これは確かな研究業績である（鄭［2011］pp.29-34）[5]。

---

5 中国語の「資源流原価計算」（英語：Resource Flow Cost Accounting，RFCA，日本語：リソーシズフローコスト会計）という概念について中国の研究者が議論しているが，RFCA が検証する範囲は製品，製造プロセス（過程），設備などの設計段階に展開され MFCA より範囲が広くなったという。しかし，もし製品の設備投資であれば日本における環境管理会計に関する研究成果，すなわち「環境配慮型設備投資」，「環境配慮型原価企画（設計段階まで配慮した）」，「環境配慮型原価管理システム」，「マテリアルフロー・コスト会計」，「ライフサイクル・コスティング」，「環境配慮型業績評価システム」などが製品の投資，設計段階から廃棄まで，すべて研究している。新たな「資源流原価計算」のような概念が世界で認められるかどうかは疑問が残る。そして，本稿で示した論文の中では，RFCA を議論する場合，しばしば MFCA も議論するので，まだ国際的に定着していない概念ということもあり，かつ中国国内で発表された論文の著者がしばしばこれらの概念を混同して使うため，本稿では特に説明がなければ MFCA と区別はしない。

このように，中国の研究機関などでは MFCA に対する研究が不十分のまま
に，RFCA の概念を提起して議論が進んでいる。とりわけ政府不作為と企業の
社会的責任が認識不足のままの状態にある。そこで，ISO14051（MFCA）国際規
格が発行され，5 年経ったが，企業における実行可能性及び普及については程遠
く，先が見えない状態である。

5. 分析結果と要約

5.1　仮説 1─MFCA の研究における中国の出遅れと日本の競争優位

　前述したように，中国公認会計士の発展においては，競争優位にあたって中国
型ダイヤモンドモデルの存在がある。すなわち政府主導ですべての要素条件を
集合し，10 数年間で中国の監査基準そして監査制度は国際競争優位の状態に
至ったのである。しかし，環境管理会計の領域では逆に，MFCA に関して中国
が出遅れた要因として，政府の不作為が挙げられ，いまだごく一部の研究者が議
論している状態である。統計上の数値だけ見ても，大学数については中国の約
3,100 校に対して日本は約 800 校程度である。それらの大学に対応する教員の人
数，とりわけ会計研究者人数については，中国がほぼ日本の数倍または 10 倍程
度である。MFCA に関する論文は会計学研究者が発表したものと思われるので，
表 3-1 と表 3-3 とを比べると，日本の MFCA の研究に関する論文等の数は日本の
326 件に対して中国は 132 件しかない。また，日本では 10 冊以上の著書が出版さ
れているが，中国ではゼロである。政府刊行物として日本の経済産業省は 15 年
間毎年研究報告書を発表してきたが，中国の政府主管省庁は一つの通達もな
かった。つまりこの分野の研究について，日本は中国の十分の一の人的資源しか
ないのにもかかわらず中国の 3 倍から 10 倍以上の研究成果を挙げたのである。こ
の点では日本は世界の最先端に進んでいるといえる。日本では，政府の率先した
取組み，国際規格の提案，基礎概念の設定，理論研究の構築と蓄積，そして研究
成果の発信，実務上の実行可能性（事例研究），MFCA 導入ガイドライン，中小
企業の簡易法など，そして ISO14051 国際規格の発行によって日本における

MFCAの研究成果は世界の研究成果となり，日本の基準は世界の基準となった。それに対して，中国では日本のような取組みがなく，とりわけ政府の不作為が中国出遅れの決定的な要因である。したがって仮説1が支持されている。

5.2　仮説2—日本型ダイヤモンドの存在

5.2.1　日本型ダイヤモンドモデル

図3-1で示すように日本では国の戦略から部門への戦略へ展開されている。すなわち政府（官僚），企業等，公認会計士，大学，というガバナンス主体の候補の中で，日本の場合には政府の環境立国戦略があり，とりわけ経済産業省が1999年からEMFの研究を推進し，2002年に環境管理会計の理論的な枠組みを作った。日本のパターンは政府の主導する産官学の集団行動が成功要因と考える。以上で検証してきた結果，仮説が支持されている。

5.2.2　仮説の分析結果と予約

本稿では，図3-1「仮説2—「日本型ダイヤモンドモデル（MFCA研究における競争優位）」」で示したように，日本がこの領域における競争優位を勝ち取った要因は次のように分析する。

①　要素条件として，人的資源，物的資源，知識資源，資本資源，インフラストラクチャーが必要な資源としてあげられる。日本では環境省，経済産業省，大学研究者，企業の実務家，公認会計士，民間研究機関の社団法人産業環境管理協会，株式会社日本能率協会コンサルティングの資源が結集したのである。

②　需要条件については，日本の国内市場においては上場企業，大企業，中小企業での需要がある，国際的にも2011年9月現在ISO14000シリーズの加盟国は162か国に上る[6]。

③　関連・支援産業としては，経済産業省の管轄ですべての企業は関連のクラ

6　ジェトロ（https://www.jetro.go.jp/）（2016年5月8日検索）

スターであり，そのうえ，民間研究機関，モデル企業事例，MFCA 導入アドバイザーボードの設置，MFCA ホームページの開設，MFCA フォーラムなどの設立によって企業の導入を推進し，MFCA に関するクラスターが形成されつつある。

④ ライバル間の競争としては環境技術の先進国日本が，近年台頭した中国より世界においての発言力，存在感，ルール作りで優位にあり，日本企業の環境管理会計の推進によって，企業の国際的イメージアップ，環境技術の移転による国際的競争力の向上においても優位にある。

⑤ 人材養成戦略の面では何よりも国々の間で研究及び企業間の競争が引き起こされ，大学研究者，企業実務家などの環境管理会計人材の育成に役に立つ。上記③クラスターの形成によって関連領域では MFCA の人材育成を進めている。

⑥ チャンスの役割については，日本が1970年代の高度経済成長で環境問題につらい経験と歴史があり，それを教訓に政府，企業，国民の努力で環境の先進国となった。ポーターはかつて戦争が産業にチャンスを与えると見解を述べたが，現在の日本は環境先進国であるというチャンスととらえている。

⑦ 国際政治と外交としては，日本の存在感と影響力が向上している。
日本は常に ISO シリーズ委員会などと緊密な情報交換と連携関係を保持している。ISO14050 シリーズの発行にあたって，2011年に ISO14051（MFCA の基礎概念）の発行や，2017年3月に ISO14052（サプライチェーンにおける MFCA の実施）の発行や，2019年に発行予定の ISO14053（中小企業における MFCA の実施）など，日本のエキスパートが主要な役割を果たしている。

⑧ 産官学におけるリーダーの役割
前述したように，日本人が国際 ISO の議長，幹事などを担当し日本のイニシアチブを発揮した。国内では MFCA を普及するために，51名の「MFCA 導入アドバイザーボード」の設置・運営を推進した（日本能率協

会［2009］pp.110-113）。よって，多くのリーダー的な人材が養成された。大学研究機関では國部教授，中嶌教授などがおり，民間研究機関では下垣彰マネージャー，石田恒之コンサルティングチーフ，立川博巳社長などがおり，企業では日東電工の古川芳邦部長，キヤノンの安城泰雄部長などがおり，官庁では経済産業省の星野篤課長補佐などがいる（國部［2008］p.iv，古川・立川・古川［2014］p.244）。

　上記で述べたように1999年当初 EMA に関する政府間の会合は中国も日本も参加したが，日本はこのチャンスを捕まえて MFCA の研究開発，国内における普及活動，国際的に国際規格化にすることによって，政府官庁，大学研究機関の研究者，企業の実務家など，各領域すべてで世界的にリードしている状態である。それに対して，中国ではいまだ政府に関する環境管理会計の取組み，とりわけ MFCA に関する政府主導的な役割は果たしていないままである。

　結論としては，ISO14050シリーズの国際規格化及び各国における取組みと普及について，日本がこの分野において国際的な競争優位を勝ち取ったのは政府が主導権を握り産官学（人，物，金）の資源を集結して取組んだ結果である。中国のこの分野における出遅れ（失敗）の最大要因は政府の不作為であると思われる。よって，環境問題を解決するのは国際的には国連が主導しなければ，また国レベルでは各国の政府が主導権をとらなければ，あまり効果はないであろう。

6.　展望と課題

　本稿では，先行研究を踏まえ，仮説1-MFCA の研究における中国の出遅れと日本の競争優位と仮説2- 日本型ダイヤモンドモデルの存在を立てた。1999年から今日にかけて経済産業省は MFCA の研究及び普及のためのモデルづくりを推進してきた。上記の分析，要約と結論で示唆したように，二つの仮説の存在が立証できたのである。

　しかしながら，本稿を脱稿する際，アメリカのトランプ大統領がパリ協定からの離脱を宣言した。アメリカ人がトランプ氏を「アメリカ第一主義」の旗を掲げ

る大統領にした。これは今の資本主義市場経済によって貧富の差が大きく拡大され，民衆が保守的になり，自国利益，自民族の利益，小集団利益，自己利益を最優先に考えた結果であると考えられる。それは昨年のイギリスのEU離脱，ヨーロッパにおける保守派の台頭，そして各国が再びナショナリズムに陥るような状況の背景となり，世界の各国では保守的な政治空気がPM2.5のように漂っている。

　国際的には，京都議定書の枠組みからパリ協定の枠組みまで，いかに地球温暖化を止めるかについて20年間議論してきた。そして一人の大統領の判断でこれらの枠組みから離脱することは果たして国際社会的に許されるのか問われている。

　一方，UNDSDは公的に環境管理会計の会合を進めている。その環境管理会計の一つの手法として，MFCAについては2011年にISO14051国際規格が発行されたが，この枠組みは非政府組織のISO組織であり，強制力はないため世界中の国々で普及させることが今後の喫緊な課題である。日本の成功経験及び中国における導入が企業の環境経営や，企業のマネジメントの質を向上させ，最終的にPM2.5などのような環境問題を解決するのは一つの明るい道ではないかと思われる。

　以上でも検討したように，2011年ISO14051が発行されて以来，日本と中国におけるMFCAの研究論文の発表数は下がる一方である。このままでよいのか，そしてMFCAのさらなる世界各国での普及や，環境技術・保全の先進国日本でのさらなる推進，CO_2排出量が世界トップの中国における企業へのMFCA導入と普及は重要な課題ではないか。

　中国政府が，この10年間の「中国公認会計士の戦略」を実施してきた成功経験のように，政府主導で企業の「環境管理会計の戦略」を立てて，すべての資源を結集して今後の10年間でMFCAの管理手法を中国全土で推進していくことを期待している。

参考文献

環境省［2001］『21 世紀環境立国戦略』平成 19 年 6 月

環境省［2005］『環境会計ガイドライン 2005 年版』

菊澤研宗［2008］『戦略学』ダイヤモンド社

國部克彦［2000］「外部報告から内部マネジメントへ　サプライチェーンとマテリアルフロー」『経理情報』No.929

国連持続可能開発部（UNDSD），環境省訳［2001］『環境管理会計の手続きと原則』序文

篠原阿紀［2015］「日本におけるマテリアルフローコスト会計の研究動向」桜美林大学桜美林論考『ビジネスマネジメント レビュー』No.6，pp.1-22

張本越・鈴木和男［2013］「中国における MFCA 研究の現状と今後の課題」神奈川大学『国際経営論集』No.45，pp.157-167

ポーター，M.E.，土岐坤・中辻萬治・小野寺武夫訳［1985］『競争優位の戦略』ダイヤモンド社

ポーター，M.E.，土岐坤・中辻萬治・小野寺武夫・戸成富美子訳［1992］『国の競争優位』ダイヤモンド社

ポーター，M.E.，竹内広高・榊原磨理子訳［2000］『日本の競争戦略』ダイヤモンド社

森宗一［2007］「競争優位に関する先行研究の整理と検討」『広島大学マネジメント研究』No.8 広島大学マネジメント学会，pp.69-77

李文忠［2006］「バイオマス再生資源化事業における環境管理会計の導入」，社会環境学部『社会環境学への招待』pp.34-49

李文忠［2016］『中国公認会計士の戦略』青山社

MFCA 関連（日本）

政府刊行物

経済産業省［2002］『環境管理会計手法ワークブック』経済産業省

経済産業省［2011］『平成 22 年度　経済産業省委託事業　低炭素型環境管理会計国際標準化事業資料「マテリアルフローコスト会計　MFCA 事例集 2011（英語版，日本語版）」』経済産業省

産業環境管理協会［2000］『平成 11 年度　環境ビジネス発展促進等調査研究（環境会計）報告書』産業環境管理協会

産業環境管理協会［2001］『平成 12 年度　経済産業省委託環境ビジネス発展促進等調査研究（環境会計）報告書』産業環境管理協会

産業環境管理協会［2002］『平成 13 年度　経済産業省委託環境ビジネス発展促進等調査研究（環境会計）報告書』産業環境管理協会

産業環境管理協会［2003］『平成 14 年度 経済産業省委託 環境ビジネス発展促進等調査研究（環境経営総合手法）報告書』産業環境管理協会

産業環境管理協会［2004］『平成 15 年度 経済産業省委託 環境ビジネス発展促進等調査研究（環境管理会計）報告書』産業環境管理協会

産業環境管理協会［2005］『平成 16 年度 経済産業省委託 エネルギー使用合理化環境経営管理システムの構築事業（環境会計調査）報告書』産業環境管理協会

日本能率協会コンサルティング［2005］『平成 16 年 経済産業省委託, エネルギー使用合理化環境経営管理システムの構築事業（大企業向け MFCA 導入共同研究モデル事業）調査報告書』株式会社日本能率協会コンサルティング

日本能率協会コンサルティング［2006］『平成 17 年度 経済産業省委託, エネルギー使用合理化環境経営管理システムの構築事業 大企業向け MFCA 導入共同研究モデル事業調査報告書』株式会社日本能率協会コンサルティング

日本能率協会コンサルティング［2007］『平成 18 年度 経済産業省委託, エネルギー使用合理化環境経営管理システムの構築事業「マテリアルフローコスト会計開発・普及調査事業 報告書』』株式会社日本能率協会コンサルティング

日本能率協会コンサルティング［2008］『経済産業省 東北経済産業局委託, 平成 19 年度 環境経営・ビジネス促進調査事業 東北地域におけるマテリアルフローコスト会計の導入指導の普及と金融支援のあり方に関する調査業務報告書』株式会社日本能率協会コンサルティング

日本能率協会コンサルティング［2009］『平成 20 年度 経済産業省委託, 温暖化対策環境経営管理システム構築モデル事業「マテリアルフローコスト会計開発・普及調査事業 報告書』』株式会社日本能率協会コンサルティング

日本能率協会コンサルティング［2010］『平成 21 年度 経済産業省委託, 低炭素型環境管理会計国際標準化事業「次世代環境管理会計調査事業 報告書』』株式会社日本能率協会コンサルティング

日本能率協会コンサルティング［2011］『平成 22 年度 経済産業省委託, 低炭素型環境管理会計国際標準化事業（マテリアルフロー会計導入実証・国内対策等事業）「マテリアルフローコスト会計導入実証・国内対策等事業 報告書』』株式会社日本能率協会コンサルティング

著　書

安城泰雄・下垣彰［2011］『図説 MFCA —マテリアル・エネルギーのロスを見える化する ISO14051』JIPM ソリューション

小口好昭編著［2015］『会計と社会—ミクロ会計・メソ会計・マクロ会計の視点から』中央大学出版社

國部克彦編著［2008］『実践マテリアルフローコスト会計』産業環境管理協会

國部克彦・伊坪徳宏・水口剛［2007］『環境経営・会計』有斐閣アルマ

國部克彦・伊坪徳宏・中嶌道靖・山田哲男編［2015］『低炭素型サプライチェーン経営 =Low-carbon supply chain managemaent:MFCA と LCA の統合』中央経済社

國部克彦・中嶌道靖［2002］『マテリアルフローコスト会計―環境管理会計の革新的手法』日本経済新聞社

國部克彦・中嶌道靖［2008］『マテリアルフローコスト会計―環境管理会計の革新的手法（第 2 版）』日本経済新聞社

柴田英樹・梨岡英理子［2014］『進化する環境・CSR 会計 : マテリアルフローコスト会計から統合報告まで』中央経済社

真船洋之助監修・編著，石崎忠司編集代表［2005］『環境マネジメントハンドブック』日本工業新聞社

古川芳邦・立川博巳・古川英潤［2014］『ムダを利益に料理するマテリアルフローコスト経営』日本経済新聞社

山本良一監修，鈴木淳史編集［2006］『エコマテリアルハンドブック』丸善出版

MFCA 関連（中国）

謝琨・梁凤港［2003］「関于環境浄効益分析決策工具―物料流量会計」『四川会計』No.3，pp.5-7

羅喜英・肖序［2009］「ISO14051 物料流量成本会計国際標準発展及意義」『標準科学』第 7 期，pp.27-32

鄧明君［2009］「物質流成本会計運行機理及応用研究」『中南大学学報』第 15 巻第 4 期，pp.524-532

肖序［2009］「物料流量成本会計」『財会学習』9 月号，pp.15-17

鄧明君・羅文兵［2010］「日本環境管理会計研究新進展」『財会通訊』第 24 巻第 2 期，pp.90-94

朱衛東・程品龍［2010］「物料流量成本会計」『財会通訊』第 4 期，pp.11-12

孫美 永田胜也［2011］「物料流量成本会計的発展及向中国的引進」『財会月刊』5 月号，pp.89-91

鄭鈴［2011］「資源流成本会計発展進程評述」『会計之友』2011 年第 1 期，pp.29-34

張馨元［2013］「在我国推行物質流会計遇到的問題和建議」『中国電子商務』第 1 期，pp.187-188

中嶌道靖・岡照二・呉［2014］「日本 MFCA 的開発与普及 : 兼評 MFCA 在中国的展望」『中国会計学会環境資源会計専業委員会 2014 学術年会』pp.532-537

張本越・宮赫陽［2014］「日本 MFCA 的新進展及対我国的啓示」『会計之友』第 12 期，pp.27-30

張馨元［2014］「環境会計研究―物質流成本会計的理論」『理論研究』第 1 期，pp.12-14

張本越・姜翠鑫・弈巍・劉佳娜［2015］「日東電工的 MFCA 実証研究及其啓示」『会計之友』第 10 期，pp.54-56

第4章
環境配慮型製品の技術革新
―東洋製罐の金属缶および PET ボトル充填システム―

尹　諒重

1. はじめに

　本章は，東洋製罐の金属缶（以下，TULC）と PET ボトル充填システム（以下，NS システム）について考察することを目的とする。TULC は，成形時に潤滑剤を使わないスチール缶である。NS システムは，殺菌剤を使わずに常温で飲料を充填できる装置と軽量 PET ボトルからなる技術である。

　総合食品容器メーカーである東洋製罐の事例を取り上げるが，その理由は三つある。第一に飲料消費が年々増加するなか，金属缶と PET ボトルは我々の生活に密接にかかわっているため，環境保全の問題を考える際に適切な題材である。第二に画期的な技術である。環境負荷を減らす効果（省資源，二酸化炭素・水資源の削減）に加え，飲料の品質向上をも実現している。第三に企業に対する環境保全の要求が高まるなか，同社は長年食品容器分野において技術革新に積極的に取組み，業界をリードしてきた。

　全国清涼飲料工業会の統計によると，2015 年に日本国内一人当たりの年間清涼飲料の消費量が160 ℓ を超えた。清涼飲料といえば，ミネラルウォーター，炭酸飲料，コーヒー，紅茶，緑茶などが含まれる。単純計算ではあるが，1回の消費量を500mℓとした場合，日本では一人当たり年間320本の清涼飲料を消費することになる。ほぼ1日に1本ずつ消費している。

　清涼飲料の主な容器としてスチール缶，アルミ缶，そして PET ボトルが使用される。消費される前には人々の注意を引くためにデザイン，色彩，形状についてさまざまな工夫がなされるが，飲み終わった容器は捨てられる運命にある。日

本ではほかの国に比べ容器のリサイクル率が高いとはいえ，消費量を考えると容器の環境負荷は決して低くない。というのもリサイクルには搬送，分別，再生過程で二酸化炭素の問題がつきものだからである。

　さらに容器の生産段階においても多くの環境負荷が発生する。金属缶の生産には潤滑剤や金属保護用の塗料が使われる。潤滑剤の洗浄に大量の水が使用され，塗料の焼付けの過程で二酸化炭素が発生する。PETボトルの生産では殺菌工程が重要である。殺菌剤が使われれば洗浄に大量の水が使用されるし，高温水で殺菌をすれば加熱工程で二酸化炭素が発生する。そして，容器の安全性が確保されているとはいえ，飲料が直接あたる容器の内側に塗料や殺菌剤を使用する点は心理的な抵抗感にもつながりうる。

　企業にとって環境配慮型製品はいくつかの場面に分けて考えることができる。馬奈木・豊澄［2012］は，使用段階の環境負荷を低減させる製品，廃棄段階の環境負荷を低減させる製品，原材料調達段階における環境負荷を低減させる製品の3つに分類している。たとえば，使用段階においてハイブリッド自動車や節水型便器は製品の機能を達成するのに必要な燃料や水の使用量を減らす。燃やしても有害ガスが発生しないレジ袋やフロンガスを使わない冷蔵庫は廃棄段階で環境負荷を軽減する。原材料調達段階における環境負荷の低減は，再生原料の使用や省資源化などが該当する。

　TULCとNSシステムは環境配慮型製品としての効果が複数の局面（原材料調達，生産段階，廃棄段階）にまたがるため，環境負荷を大きく減らすことができる。こうした効果は環境配慮型製品の経済的優位性につながりうる。環境配慮を基準に商品を選ぶグリーンコンシューマーやグリーン調達・購入が増加しているので，環境配慮型製品はほかの製品との競争において優位に立つことができる（馬奈木・豊澄［2012］）。飲料メーカーが環境配慮型容器を使えば，環境活動への取り組み姿勢を消費者にアピールできるので，採択される可能性が高くなる。

　競争優位を説明するもう一つの要因は消費者や取引企業に対する便益である（岩田・植田［2010］）。TULCとNSシステムは，飲料を飲む最終消費者と飲料メーカーに飲料の品質向上と容器に対する安心感を提供した。消費者や取引企

業にとって便益があるから市場で受け入れられ，企業の利益につながると思われる。環境に対する社会的責任を果たす側面だけでなく，競争優位を確保する意味においても環境配慮型製品に取り組む価値は大きい。

東洋製罐は金属缶やPETボトルで業界首位の位置を占めており，歴史的に見ても画期的な容器技術を多数開発してきた。たとえば，カレーなどを入れるレトルトパウチ，酸素を透過しない樹脂容器，サラダオイルやマヨネーズを入れるラミコン容器，耐熱型PETボトルなどがある。同社は食品容器の技術開発をリードしつつ，環境経営に積極的に取り組んできた。

金原・羅・政岡［2013］は，産業が成熟し，生産規模が大きくなるほど工程イノベーションが重みを増すと指摘している。だが，近年，国内外を問わず環境負荷削減の圧力が厳しくなっており，生産システムを効率化する工程イノベーションだけではハードルをクリアすることは難しい。製品を改善するイノベーションに取り組む必要性があると説明する。実際，環境関連技術に関する特許を検討すると2000年代に入って製品設計に関する特許の伸びが著しいこともこうした外部環境の変化と関連がある。

本章では製品イノベーションを通じて多面的に環境負荷を減らした二つの環境技術をとり上げる。一つは成形プロセスにおいて水と潤滑剤と金属保護用の塗料を使わないスチール缶（TULC）である。もう一つは殺菌剤を使わない常温PETボトル充填技術（NSシステム）である。両方とも従来技術の常識を覆した画期的な技術である。次節から飲料容器市場および東洋製罐の概要を説明して，技術の特徴と環境負荷の低減について詳しく述べる。

2. 飲料容器市場

日本初の缶詰製造は1871年のことである。当時は，缶詰業者が缶を自ら製造していたが，製缶に必要性を感じた東洋製罐の創業者が1919年から自動製缶設備による製缶を開始した。飲料用として缶が使われ始めたのは1960年代からである（尹・武石［2004］）。

一方，PETボトルの歴史は缶容器に比べて浅い。1973年にアメリカで特許が取得され，翌年に炭酸飲料用PETボトルに採用された。日本では1977年に醤油容器として採用されたのが始まりでる。その後1982年の食品衛生法の改正を受けて，清涼飲料容器として採用が認められ，現在では幅広く利用されている（馬奈木・豊澄［2012］）。

　飲料容器の種類は，金属缶（スチール缶とアルミ缶），PETボトル，紙パック，ガラス瓶などがある。アルコール類を除いた飲料容器に占める金属缶とPETボトルのシェアは2015年時点で87％にのぼる[1]。容器の生産量を見ると，2014年にスチール缶が約72億本[2]，アルミ缶が約69億本（アルコール類は別途125億本）[3]，PETボトルが約203億本[4]である。合算すると344億本の飲料容器が生産された計算である。飲料容器に占める比率と生産数量ともに金属缶とPETボトルの重要性を物語っている。

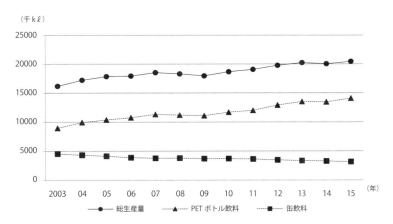

図4-1　清涼飲料生産量の推移

出所：全国清涼飲料工業会［2016］『清涼飲料水関係統計資料』

1　全国清涼飲料工業会［2016］『清涼飲料水関係統計資料』
2　スチール缶リサイクル協会，スチール缶リサイクルレポート2016
3　アルミ缶リアサイクル協会，アルミ缶リサイクルニュース，Vol.136
4　PETボトルリサイクル推進協議会，PETボトルリサイクル年次報告書2015

図4-1は飲料の年間生産量の推移を示している。総生産量が2003年から2015年まで着実に増加している。容器別の内訳を見ると，缶飲料の生産量は年々減少傾向であるのに対し，PETボトル飲料は総生産量と同じ動きを見せながら増える傾向にある。

　清涼飲料の生産量に合わせて容器の生産量は年々増えており，環境負荷も増える一方である。少しでも環境負荷を減らすために，リサイクルの努力がなされている。金属缶とPETボトルは資源としての価値が高くリサイクル率が高い水準にある。2014年の国内の実績を見ると，スチール缶が92.0％，アルミ缶が87.4％，PETボトルが82.6％であり，ほかの容器（ガラス瓶や紙パック）と比べても高い[5]。資源の再利用を効果的に達成している点は評価できるが，飲料容器をライフサイクルアセスメント（LCA）[6]の観点から見れば，解決すべき問題がたくさんある。リサイクル過程に加え，製造過程や配送などで環境負荷が発生する。そのため飲料容器メーカーにとって環境負荷の軽減は重要な課題であり，省資源化，水・二酸化炭素の削減などにつながる技術が開発されてきた。

　こうした意味において東洋製罐は注目に値する。金属缶とPETボトルともに業界トップのポジションを占めているからである。スチール缶メーカー別のシェアは，東洋製罐60％強，大和製罐25％強，北海製罐（ホッカンホールディングス）10％強とみられる。アルミ缶のメーカー別シェアは，東洋製罐30％弱，大和製罐25％強，ユニバーサル製缶25％，昭和アルミニウム缶15％強とみられる。PETボトルのメーカー別シェアは，東洋製罐30％強，吉野工業所30％，北海製罐5％，日本山村硝子及び大和製罐各5％未満，その他25％と推計される[7]。東洋製罐は環境負荷を減らす活動に積極的に取り組んできたが，この活動が飲料容器分野で長年トップの座を維持し続ける原動力ともいえる。

5　全国清涼飲料工業会［2016］『清涼飲料水関係統計資料』
6　ライフサイクルアセスメント（LCA）とは，その製品に関る資源の採取から製造，使用，廃棄，輸送など全ての段階を通して，投入資源あるいは排出環境負荷およびそれらによる地球や生態系への環境影響を定量的，客観的に評価する方法である（スチール缶リサイクル協会）。
7　日経バリューサーチ，2016年11月21日調査内容

3. 東洋製罐

東洋製罐は1917年に設立され，1919年から自動製缶設備による製缶を開始した。2013年には持株会社体制への移行に伴い，商号を「東洋製罐グループホールディングス株式会社」へ変更し，グループ経営管理事業を除くすべての事業を東洋製罐株式会社へ承継した。

東洋製罐株式会社は3,386人（2016年4月）の従業員を抱えている。主な事業領域は，金属，プラスチックとそれらの複合材料を素材とした包装容器の製造・販売，食品関連機械，包装システムの販売および技術サービスなどである。2015年度の単独ベースの決算では売り上げが2,968億円（2016年3月期），経常利益95億円，連結ベースでは売り上げ8,020億円，経常利益267億円である[8]。

同社が手がける製品の中で売り上げに大きく貢献しているのは，飲料用・缶詰用の金属缶（売り上げの44％）とプラスチック製品（同37％）である（2015年度実績）。同社のグループ企業には包装容器の各分野のトップメーカーがあり，包装容器業界において幅広く事業を展開している。紙容器やガラス容器などを含め，容器の原材料の鉄やアルミを扱う会社，容器の生産設備を製作する会社など容器を作るために必要な機能を幅広くカバーしている。

東洋製罐は包装容器の担い手として高度経済成長を経て現在にいたるまで多くの新しい容器を世の中に送り出してきた。1969年にカレー用のレトルトパウチ，1970年に錫鉛合金を使わないトーヨーシーム缶，1972年にサラダオイルやマヨネーズを入れるラミコン容器，1985年に耐熱型PETボトルが開発された。2000年代に入ってからもキリンビールのチューハイ「氷結」に使われたダイヤカット缶，電子レンジ対応自動蒸気抜きパウチ（2002年），微細発砲による遮光性PETボトル[9]（2013年）などがある。同社の歴史は新しい容器を世に出し続けた

8　東洋製罐ホームページ（http://www.toyo-seikan.co.jp/）
9　着色材を使わずに白色の外観と遮光性を持つPETボトルである。光沢感から缶のような質感を出しながら缶では得られない軽量性を実現した。着色材を使用しないため通常のPETボトルと同等のリサイクル性を有する。

革新の歴史といえる。革新の歴史の中でも成形時に水，潤滑剤，塗料を使用しないスチール缶TULCと，殺菌剤を使わない常温PETボトル充填システムは東洋製罐の技術革新を語る上で欠かすことのできないものである。

4. 金属缶の技術革新：TULC（Toyo Ultimate Can）[10]

TULCは東洋製罐が開発した究極の缶という意味を持つ。それだけ環境負荷を大幅に軽減できるというメッセージが込められている。TULCはスチール缶（1992年）から始まりアルミ缶（2001年）の製造にも成功したが，基本的な技術はスチール缶とおおむね同じであるため，ここではスチール缶の開発を中心に説明する。

4.1 従来技術

飲料缶を形状から見て3ピース缶と2ピース缶に分けることができる。3ピース缶は上蓋，下蓋，胴体の3つの部分から構成される。果汁入りの飲料，ミルク入り飲料を充填するのに使われる。缶内部の圧力が大気より低いため，陰圧缶と呼ばれる。特性として強度と安全性が高い。主な材質はスチールである。

これに対し，2ピース缶は底と胴体がつながっている。炭酸入りの飲料やビールを充填する。材質はアルミが主流であるためスチールの3ピース缶に比べ強度が落ちる。だが，炭酸のおかげで缶内部の圧力が大気より高いので強度を確保できる。

従来の製缶技術は環境負荷が大きい。まず金属表面を飲み物から保護し，外気による酸化を防止する目的で塗料が必要になる。一度塗布した塗料は焼き付けるため大量のエネルギーが使われ二酸化炭素の排出につながる。さらに2ピース缶には形状に起因する固有の課題がある。成形法としてDI法（Draw Ironing：絞

---

10 TULCの特徴に関する多くの部分は『東洋製罐グループ綜合研究所50年史：1961～2011』を参照した。

りしごき加工) が使われ, 材料をプレスで引き伸ばして底と胴体の成形を行う。プレスの圧力により金属が薄くなる部分で摩擦熱が大きくなると穴ができるので熱を逃がすのに潤滑剤と冷却材が使われる。成形が終わったら潤滑剤の洗浄にたくさんの水が使われる。洗浄に使われた水は下水処理を通じて浄化しないといけない。

4.2　TULC の特徴

　TULCの開発は1987年4月に金属材料・有機材料・金属加工分野の若いスタッフが集まり10名程度のプロジェクトチームを立ち上げ組織的な取り組みが始まった。このようにスタートした技術開発は5年程度で基本技術を完成し1992年に生産を開始した。

　既存の製缶プロセスは大量の二酸化炭素と排水を伴い環境負荷が大きかった。これらの問題を東洋製罐グループとして克服するという意気込みで「究極の缶」と銘打って開発されたのがTULCである。TULCは製缶時に使う塗料の代わりに熱可塑性樹脂フィルムを両面にラミネートした鋼板を材料に, 潤滑剤なしで深絞り成形を行う2ピース缶である。2ピース缶でありながら3ピース缶に充填する内容物にも適用できる特徴を持っている。このような特徴を持つTULCの実現を可能にしたのは新しい成形法と素材の開発である。TULCの技術革新には四つの要素を挙げることができる。

①新しい成形法 (ストレッチドロー・アイアニング法：**Stretch Draw Ironing**)
　TULCはストレッチドロー・アイアニング法という新しい成形技術を用いている(図4-2)。この方法は通常3回の絞り成形を基本として成形される。ストレッチドローは再絞り工程のリドローダイによる変形過程で強制的な引っ張り曲げ・曲げ戻し変形により板厚を減少させ, これを2回の曲げ伸ばしにより鉄板を薄くし, 最後にしごき加工を施すことによりさらに板厚減少ができ軽量化と省資源化が可能となる。既存のDI法ではしごき加工の際に発生する摩擦力と熱を回避するため大量の潤滑剤と冷却材を必要とするが, ストレッチドロー・アイアニング

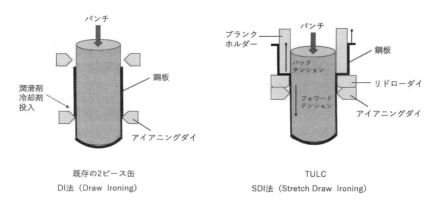

図 4-2　製缶プロセスの成形法
出所：小島［2010］より著者修正

法は潤滑剤と冷却材を使わずに成形ができる。ドライ状態で加工が可能になるのは，金属材料両面にラミネートされた PET フィルム（熱可塑性樹脂）の皮膜のおかげである。変形過程で PET フィルムにより適度の流動性が生じ，リドローダイおよびアイアニングダイと材料間に作用する摩擦が回避される。

② **PET フィルム（熱可塑性樹脂）**

　PET フィルムの機能は鉄板表面の流動性と耐食性である。PET フィルムには潤滑剤を使わなくてもスムーズに加工が行えるようにしながら，飲料と接する表面から鉄の表面までバリア層が内容物の浸透を防ぐことが求められる。種々のフィルムの中で防食性の点ではホモ PET フィルムが優れていたが，ラミネート後の成形により缶上部で剥離現象が多発した。この原因はフィルム自体の加工性および接着性不足が原因と解明された。その解決策として，ホモ PET にイソフタル酸を混ぜ共重合化を図ることが有効であることが判明し問題が解決された。

③錫なし鋼板（TFS：Tin Free Steel）

　従前の錫なし鋼板の用途は接着缶（3ピース缶）が主流で大きな変形を伴う二次加工を受けないのが一般的な使い方である。だが，ストレッチドロー・アイアニング成形法に対する適性と缶重量の低減を考慮し着目したのが高強度薄鋼板の錫なし鋼板であった。TULC製造にあたっては次の2つの課題があった。第一は錫なし鋼板には炭素や窒素などの酸化物が介在物として混入しており，特に大型介在物が存在すると成形中の金属破断やピンホールが発生することから，この介在物の大きさを50μm以下の大きさに制御する必要があった。第二は飲料の品質保持の観点から金属結晶の大きさを制御する必要があった。結晶粒径が大きいとラミネートしたPETフィルムを突き破って金属面が露出し，耐食性を損なうことになる。TULC用素材の平均結晶粒径が6μm以下となるよう，鋼成分や熱延・焼鈍条件の最適化が図られた。

④ラミネート技術

　図4-3はラミネート工程の概略を示している。錫なし鋼板へのPETフィルムのラミネートは鋼板をフィルムの融点以上に加熱し，鋼板の両側から供給されるフィルムをラミネートロールで圧着すると同時に冷却することにより製造する。この技術で重要な点は温度条件で，鋼板がフィルムの融点より高く，ラミネートロールは融点より低く設定されている。それによりフィルムが鋼板に接着した面

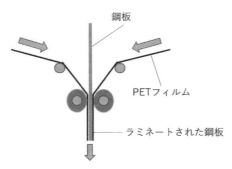

図4-3　TULCのラミネート技術
出所：東洋製罐『サスティナビリティレポート2014』より筆者修正

は溶融し，メルト層となり鋼板の成形性と加工密着性を付与する。一方，低温の
ラミネートロールに接触した面は溶融せず，缶の内面で耐食性，外面では耐衝撃
性を付与する。このフィルムの厚み方向に形成される溶融層と非溶融層の適切
な比率制御がフィルムラミネート技術のポイントである。フィルムがロールを通
過する時間を百分の1秒単位で調整し同比率を1：3から1：4に抑える技術が開
発された。

4.3　技術的成果

　複数の分野にまたがる技術の革新が組み合わさったTULCはさまざまな技術
的成果をもたらした。効果として，環境保全効果，容器の性能向上，生産プロセ
スの効率化，リサイクルの効率化などがあげられる。

①環境保全

　表4-1はTULCの製缶プロセスを従来のものと比較したものである。TULC
に変わることによって製缶プロセスが大幅に簡素化されたことがわかる。従来の
DI法に比べて，TULCの生産工程は二酸化炭素1/3，電力1/2，水1/20，固形廃
棄物は1/300まで環境負荷を減らした。ラミネート工程で冷却に水が使われる
が，それを含めても使用量が大幅に減少した。

②容器性能の改善と飲料品質の向上

　TULCは新しい成形法により板厚を薄くできたおかげで従来の容器より軽く

表 4-1　TULC の環境保全効果

	従来技術	TULC	TULC/ 既存の製缶
二酸化炭素	1,915 ton	575 ton	1/3
電　　力	432 万 kW/h	204 万 kW/h	1/2
ガ　　ス	69.7 億 kCal	21.4 億 kCal	1/3
水	40,440 ㎥	1,900 ㎥	1/20
固形廃棄物	2,000 ton	6.3 ton	1/300

出所：尹・武石［2004］

なった。また，PETフィルムは従来の塗料による成分の溶出が極端に少なく，製品の大切なフレーバー成分の吸着がほとんどないという特性を持っている。通常，缶の内面の塗料は，保存温度が高くなるにつれてフレーバー成分の吸着が増加する傾向にあるが，PETフィルムの場合は保存温度が上がっても吸着率の変化がわずかである。環境ホルモン溶出などの安全性についても塗料に比べ優れている。

③生産プロセスの効率化

　新しい製缶プロセスでは従来技術で必要だった塗装，焼付け，洗浄などの工程が必要なくなったおかげで搬送距離が1/3に短くなった（550mから160m）。搬送距離と比例して所要時間も1/4以下に短縮した（53分から12分）。搬送距離の短縮は労働力の削減に貢献し，製造コスト削減につながった。また，飲料の生産システムの共通化にも貢献した。従来は内容物に合わせ3ピース缶，2ピース缶に分かれていたが，TULC一つでミルク入り飲料，お茶，炭酸入り飲料を問わず対応できるようになった。

④リサイクルの効率化

　TULCは薄鋼板を使用し選別・圧縮が容易である。そして，塗料の代わりに使われたPETフィルムには炭素・酸素・水素しか含まれていないため燃焼時の有害ガスが発生せず，発熱量が少ないので電気炉をいためない。さらに錫なし鋼板は良質な鋼材に再生できるメリットもある。

5. PETボトル関連の技術革新：NS（Non-Sterilant）システム[11]

　NSとは殺菌剤を使わないという意味である。同技術は充填プロセスと軽量ボトルからなる。従来から充填プロセスとPETボトルの特徴は密接な関係にある。

11　NSシステムの特徴に関する多くの部分は永田・細貝［2016］を参照した。

そのため，NS システムの場合も両者を統合的技術として捉え技術革新を考察する。

5.1　従来技術
①ホットパック充填方式

　飲料を充填する前に PET ボトルの洗浄を行い，高温（85℃）に加熱した飲料を充填する。飲料を高温にすることで殺菌を行う。一度加熱した飲料が冷めるまで時間がかかることから容器には耐熱性と強度が求められる。充填後も別の加熱殺菌工程がある。この影響により容器の厚みが必要になるため薄肉化（軽量化）が困難である。充填工程の大部分において熱を消費し二酸化炭素の排出量の制御に限界がある（図4-4）。

②常温無菌充填方式

　殺菌剤を使用して PET ボトルの内外面を殺菌・洗浄し，クリーンルーム内で

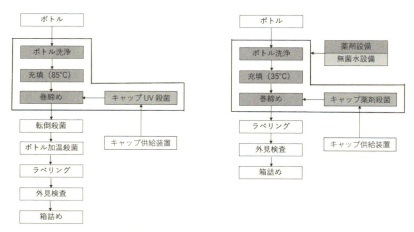

図 4-4　従来の PET ボトル充填プロセス

出所：経済産業省，2014 年度資源循環技術・システム表彰審査委員会プレゼンテーション資料【持続可能な消費を実現した新・飲料充填方式「NS システム」】

飲料を常温で充填する方法である。このため耐熱性と強度の制約がホットパック充填方式ほど厳しくない。ボトルの軽量化にはメリットがある。また，図4-4のような充填後の加熱殺菌がないため二酸化炭素の発生が少ない。だが，ボトル内に残留する殺菌剤を洗い流すために水を使用し，排水処理が必要となる。

5.2 NSシステムの充填プロセス
① **PETボトルの現地生産**

　従来技術はPETボトルを容器メーカーが製造し飲料メーカーの充填工場に輸送する方法が一般的である。NSシステムはPETボトル成形前の材料を充填工場に輸送する。原料の状態で輸送するのでボトル状態より効率がいい。原料は衛生管理がなされたクリーンな製造ラインでボトルとして成形される。加熱殺菌と殺菌剤を使わないので厳しい衛生管理がなされる。

② **温水殺菌・常温充填**

　図4-5はNSシステムの充填工程を表す。ボトルおよびキャップは温水による加熱殺菌を行う。殺菌剤を使わないため洗浄用の水を使用しない。殺菌温度まで

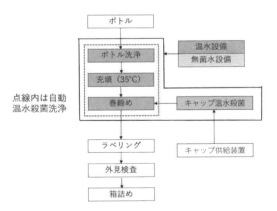

図4-5　NSシステムの充填プロセス
出所：経済産業省，2014年度資源循環技術・システム表彰審査委員会プレゼンテーション資料【持続可能な消費を実現した新・飲料充填方式「NSシステム」】より筆者修正

加温した後すぐに冷却することでボトルへのダメージを最小限にすることができる。ボトルの温度処理は常温無菌充填方式と同様で，充填後の殺菌工程がなく充填後は低温を維持できる。ボトルに対する熱負荷が小さくボトルの軽量化が可能である。

③窒素ガス充填

　殺菌処理を行ってキャップを巻き閉める前にボトル内の残留酸素を除去しないといけない。飲料の品質が劣化するからである。そこでキャップ巻締めの直前に，ボトルとキャップ内の酸素を窒素ガスで置換する。NSシステムでは乱流を抑制し泡の飛散を防止するガスフロー技術により，ボトル内の酸素を効率よく取り除き，飲料に適した酸素量を残すことが可能である。

5.3　軽量ボトル

①強度と持ち運び性能の確保

　NSシステムでは高温にさらされる時間が殺菌時のみで短い。そのためホットパック充填と比較して耐熱性と強度の要求が厳しくない。その分容器の軽量化が可能であるが，飲料の充填後に冷却時だけでなく，賞味期限内の水分の蒸発や冷蔵保存により容器内減圧が発生するため，ボトルの変形が発生する。問題の解決のためにボトル形状の工夫がなされた。

　ボトルの胴部に減圧吸収パネルを設け，減圧吸収能力を持たせた。同時に軽量化によって持ち運びの利便性が低下することのないように考慮し，ボトルの胴部を従来の6面形状から10面パネル形状に変えた（図4-6）。

②自己陽圧機構

　ボトルには製品の保管・流通時に必要な座屈強度（縦方向の力に対してつぶれないための強度）の確保が必要となる。NSシステムの開発がスタートしたきっかけは緑茶飲料の風味を改善することであった。既存のホットパック充填方式では加熱により風味が損なわれる問題があったからである。こうした経緯もあり，

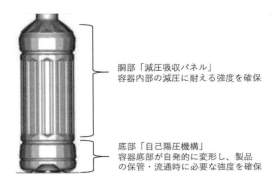

図 4-6　PET ボトル設計上の工夫
出所：東洋製罐『社会・環境報告書 2011』より筆者修正

　NS システムにおける PET ボトルにはホットパック充填方式のような外見イメージが求められた。しかし，従来のホットパック形状のまま軽量化したのでは，必要な座屈強度を確保できない。
　一般的には，容器内の気圧を大気より高く維持すること（自己陽圧化機構）で座屈強度を向上させることが可能である。液体窒素を充填する方法が考えられるが，設備コスト・ランニングコストのため導入が難しい。そこで，ボトルの形状を工夫し対応した。縦方向に負荷がかかった際，底部の形状が容器内側へ可逆的に変形するよう設計されている。これによって容器内の圧力が高まり，負荷に耐える強度を確保した（図4-6）。

5.4　技術的成果
①環境保全
　NS システムにより PET ボトル充填プロセスが大幅に簡素化された。従来のホットパック充填方式に比べて，NS システムは二酸化炭素を11％，PET ボトルとキャップから廃棄物を25％減らした（表4-2）。加熱充填によるボトル内殺菌および後殺菌工程が不要となったため，エネルギー使用量が減少した。また，プリ

フォームと呼ばれる PET ボトル原料の配送により積載効率が向上した点も環境負荷の低減につながった。常温無菌充填方式では殺菌剤を使用するため洗浄工程で大量の水を使用していたが，NS システムでは同工程を必要とせず水の使用量を50％まで節約できる[12]。

500mℓサイズの PET ボトルは，ボトル本体を従来と比べて約30％軽量化した。それまでボトル製造に26g の材料が使われたが，軽量化により19g まで重量を減らすことができた[13]。飲料メーカーの2015 年の飲料出荷量を基準に試算すると2,991 tの原料が節約された計算になる[14]。さらにリサイクル過程で必要な運搬に加え，再生に必要な熱エネルギーと二酸化炭素を考えると軽量化の効果は大きいだろう。

NS システムを最初に導入した企業は伊藤園である。同社は日本を代表する緑茶飲料メーカーであり，製品出荷量を踏まえるとこの技術的成果の影響は大きい[15]。

表 4-2　NS システムの環境保全効果

	従来技術	NS システム	削減率
二酸化炭素	11,108 ton	9,891 ton	11％
廃棄物（ボトル・キャップ）	5,322 ton	3,979 ton	25％

注：2012 年度実績

出所：経済産業省「2014 年度，資源循環技術・システム表彰審査委員会プレゼン資料」2014 年 10 月17 日。【持続可能な消費を実現した新・飲料充填方式「NS システム」】

---

12 東洋製罐『サスティナビリティレポート 2015』
13 日本経済新聞 2010 年 6 月 10 日ニュースリリース
14 日刊工業新聞 2015 年 5 月 27 日ニュースリリース
15 2015 年の生産量実績で緑茶飲料（26.1 億ℓ）は炭酸飲料（37.3 億ℓ），ミネラルウォーター（30.4 億ℓ），コーヒー飲料（29.8 億ℓ）に次ぐ生産量を持つ（全国清涼飲料工業会［2016］『清涼飲料水関係統計資料』）。伊藤園は 2011 ～ 15 年に 35 ～ 38％ の市場シェアを誇る。緑茶飲料は売上げ構成の 50％ 程度を占める（伊藤園 2017 年 4 月期中間決算説明資料）。生産量，市場シェア，売上げ比を考慮すれば NS システムの環境保全効果は大きいといえるだろう。2012 年度には，500mℓ の緑茶飲料において従来技術であるホットパック充填製品の生産量が約 960 万ケース（1 ケース 24 本）であるのに対し，NS システム充填製品は約 1500 万ケースとすでに緑茶飲料の 6 割を占めるまでになった（経済産業省，2014 年度資源循環技術・システム表彰審査委員会プレゼンテーション資料）。

②飲料品質の向上

　緑茶飲料の品質向上を目的に伊藤園は NS システムの開発において東洋製罐と協力した[16]。NS システムは常温充填のため，温度による内容液の品質劣化を防止し・香りを向上させることが可能となった。緑茶は配送や販売の際にさらされる熱，光，酸素などによって緑茶本来の香りが損なわれやすい。特に酸素は品質劣化を防ぐうえで肝要である。従来技術の中でボトルの残存酸素をコントロールできるのはホットパック充填方式だけである。だが，同方式は逆に殺菌のため飲料を一定の高温にするだけでなく，後殺菌工程においても加熱殺菌を行うため，香りと風味を長く維持させることが難しい。

　NS システムは常温充填に加え，飲料の充填後に後殺菌工程がないため熱の影響を最小限にできる。さらに，新たに窒素ガス充填技術を採用することによりボトル内の残存酸素をコントロールできる。その結果，飲料本来の香りと風味を長く保てるようになった。殺菌剤を使わない点は消費者の安心感につながった。

6. 終わりに

　東洋製罐が開発した環境配慮型製品の技術は多岐にわたる成果があった。実際，省資源，水・二酸化炭素の削減，飲料の品質向上が実現した。

　TULC は生産段階において新しい成形法のおかげで容器の軽量化に成功し省資源化を達成した。潤滑剤，冷却剤，塗料の代わりに PET フィルムをラミネートする方法は水の使用と二酸化炭素の排出を劇的に減すのに役立った。リサイクル段階では燃焼時の二酸化炭素の低減と良質な鋼板への再生が可能となった。使用段階では潤滑剤，冷却剤，塗料を使わないため，香りの維持が容易になったほかに消費者の安心感を高めることができた。

　一方，NS システムも，生産段階，リサイクル段階，使用段階において環境負

---

16 一般的に緑茶や果汁飲料などはホットパック充填方式，ミルク入り飲料などは常温無菌充填方式を使用する。

荷を低減させることができた。生産段階では，PET ボトルの軽量化による資源の節約につながり，殺菌剤を使わないため水の使用が大幅に減った。加熱殺菌工程がなくなったことで二酸化炭素の低減につながった。軽量化の実現は使用済み PET ボトルの回収・運搬・再生の効率性を向上させる要因となった。使用段階についていえば，充填時に熱の影響を最小限に押さえ，窒素ガス充填技術によりボトル内の残存酸素をコントロールできるようになった。その結果，飲料本来の香りと風味を外部影響のもとでも長く保てるようになった。さらに，殺菌剤を使わない点は消費者の安心感につながった。

　以上の点をもとに環境配慮型製品の生産，使用，リサイクルの段階におけるメリットを総合すると東洋製罐を中心とする関係者のネットワークを読み取ることができる。生産段階では社会全体が水資源の節約と二酸化炭素の削減という便益を享受する。使用段階において飲料メーカーは飲料の品質向上を実現できる。消費者にとっては潤滑剤，塗料，殺菌剤という化学物質による安心・安全の問題が和らぐメリットがある。リサイクルの観点から見ると，搬送や再生の効率性が向上すれば社会全体だけでなくリサイクル業者のコスト削減にもつながる。東洋製罐にとっても容器が社会に受け入れられれば利益につながる。今回の技術開発が企業の売り上げや利益にどれぐらい貢献しているか詳細なデータはないが，東洋製罐の市場における地位（金属缶，PET ボトルともにトップシェア）から判断して環境配慮型製品の影響は小さくないだろう。

　次は，TULC と NS システムの技術開発が成功に至った経緯について考察したい。考慮すべき要因は，新しい技術の開発に関するアイデアの源泉とアイデアの実現に関わるサプライヤー（素材メーカーや部品メーカーなど）である。技術開発を論じる際には最終結果だけが注目されることが多い。だが，成功に至るまでさまざまな関係者がかかわり，逆境を乗り越えることが多い。開発の経緯を検討することにより，技術開発をより深く理解することができる。

　アイデアとその実現が特定企業の境界内に収まると思われがちだが，外部の情報とサポートを上手に動員する能力こそが意外にも技術革新において重要である。企業がリードユーザという存在から新しいアイデアを吸収し技術革新につ

なげる例は多い (von Hippel [1986])。近年重要性を増すオープンイノベーションも大学の研究成果を企業が実現に向けて活用するために企業の境界を超えたレベルの話である (Chesbrough [2006])。場合によってはライバルを通じてアイデアを獲得することすらある。

　そして，サプライヤーのサポートである。組立型製品か素材型製品かを問わず最終製品を手がける企業が部品や材料をすべて自前で開発することは少ない。また生産設備については設備の専業メーカーと密接に協力をすることが多い。そうでなければ，量産プロセスの効率を担保できずコスト高につながる恐れがある。よって革新的な製品を開発するには部品，素材，生産設備の分野における外部企業の参加が技術革新の成否に重要な役割を果たすことは少なくない。

　企業間関係に関する文献によれば，サプライヤーを製品開発の早い段階で参加させることは最終製品メーカーにもたらすメリットが多い。たとえば，日本の自動車メーカーの新車開発において部品メーカーに大きい役割を任せることが競争優位に貢献した (Clark and Fujimoto [1991])。こうした効果は環境配慮型製品の開発でも確認できる (Pujari [2006])。とりわけ日本企業は欧米企業に比べて部品メーカーとの協力関係を得意としているという。

　本章で取り上げた TULC と NS システムについてアイデアの提案とサプライヤーの協力が開発の成功に対し果たした役割を紹介したい。TULC の場合，サプライヤーからの協力が肝心であり，NS システムでは，アイデアの提案において飲料メーカー（伊藤園）が重要な役割を果たした。

　TULC の技術開発は東洋製罐の研究員によるアイデアの着想から実用化まで5年がかかった。従来の2ピース缶の潤滑剤と水に対する問題意識を持ったことがきっかけである。1987年に開発が始まり，1991年から部分生産をへて1992年に本格的に生産を開始した。最初は社内のプロジェクトというより，個人レベルで非公式に始めた研究であったが，環境保全の動きが社会で高まるに従い社内でも正式プロジェクトとなった。水を使わない成形に対する試行錯誤の中で樹脂コーティングが案外有効であることに偶然気づいた。ところが，開発に当たり解決すべき問題は多岐にわたった。鋼板粒子径や不純物を制御する問題，PET

フィルムの素材，ラミネート技術，生産設備などが挙げられる。錫なし鋼板の金属粒子のコントロールには新日本製鉄と日本鋼管が関わった。フィルムは樹脂メーカーの帝人から協力を受け，専用の生産設備は東洋製罐の子会社が担当した。各分野の専門企業が実験にも参加しながら問題解決のために徹底的に議論した結果，技術開発が成功した。

　NS システムはアイデアの着想から取引企業と関係している。飲料メーカーの伊藤園が技術開発の出発点である。伊藤園には緑茶飲料の研究開発過程において緑茶の品質向上と PET ボトルの軽量化を達成するという課題があった。解決策を模索するなか，2003 年東洋製罐に課題解決に向けた協力を求めたのである。約 4 年間にわたる試行錯誤と実証実験の結果，2007 年に開発が成功し，2008 年から部分生産をへて，2010 年より本格導入が始まった。着想から本格生産まで 6 年を要したのである。そして，NS システムの実現には東洋製罐のほかに複数の協力企業の役割が不可欠であった。容器や設備にとって厳しい殺菌条件でも安定して稼働できるようキャップ・ボトル設備について東洋製罐グループの日本クロージャーと三菱重工食品包装機械の協力があった。このように技術開発の経緯を検討すると，開発の成功には長い時間が必要なだけでなく複数の外部企業の役割を確認できる。

参考文献

岩田裕樹・植田和弘［2010］「環境経営イノベーションの意義」植田和弘・國部克彦編『環境経営イノベーションの理論と実践』中央経済社，pp.3-15

金原達夫・羅星仁・政岡孝宏［2013］『地域中核企業の環境経営──移転・普及のメカニズム』中央経済社

小島瞬治［2010］「包装アーカイブス：溶接缶，TULC」日本包装学会誌，第 19 巻第 3 号，pp.235-240

永田幸三・細貝卓［2016］「NS システム導入による軽量 PET ボトルの実現」プラスチック，第 67 巻第 2 号，pp.16-19

馬奈木俊介・豊澄智己［2012］『環境ビジネスと政策』昭和堂

尹諒重・武石彰［2004］「東洋製罐タルク缶の開発」一橋大学イノベーション研究

センター大河内プロジェクト，CASE # 04-12

Chesbrough, H.W. ［2006］ *Open innovation : The new imperative for creating and profiting from technology*. Harvard Business Press.

Clark, K. B., & Fujimoto, T. ［1991］ *Product development performance : Strategy, organization, and management in the world auto industry*. Harvard Business Press.

Pujari, D. ［2006］ Eco-innovation and new product development：understanding the influences on market performance. *Technovation*, Vol. 26 （1）, pp.76-85.

Von Hippel, E. ［1986］, Lead users：a source of novel product concepts. *Management science*, Vol.32 （7）, pp.791-805.

第5章

日本文化環境を背負った語句の英訳

―夏目漱石『心』のメレディス・マッキニー訳を資料として―

徳 永 光 展

1．問題の所在

　夏目漱石の作品は，今や日本国内に留まらず，海外でも広く読まれている。読者は日本語原文を読んでいるとは限らない。翻訳を通して作品に接する日本語以外を母語とする読者が多数存在しているのが，漱石生誕150年（2017年）を迎えた現代の趨勢なのである。

　日本人が日本語で作品読解をする場合なら自明の事象であっても，外国語では等価の文化現象がないために，翻訳に著しい困難を来たす場合も少なくはない。また，読者が日本人であったとしても作品発表当時とは全く異なる環境に生活している立場からすれば，馴染みのない内容が含まれているとしても，不思議ではないのである。

　そのように考察を深めていった場合，日本人読者が曖昧なまま読み進めていきがちな箇所が翻訳を通して見ることで，鮮明に浮かび上がってくる現象に着目してみる作業には，大きな意義が認められよう。また，同一言語で複数の翻訳が出版されている作品があるならば，翻訳の比較を通して訳出困難な言説が露わとなり，固有の日本的な文化現象を探し当てることにもなるはずなのである。

　本稿は，漱石が描いた文学が異なる言語に翻訳されている状況を捉え，翻訳に関する研究を遂行していけば，既存の日本文学研究の枠組みを突破することに繋がると考えられるという立場に立脚した事例研究を志向するものである。そこで，具体的には，漱石の代表作のひとつとされる『心』（1914年）の英訳を具体例に取り上げ，その翻訳がどのような状況にあるかを原文と比較しながら考察して

みたい。『心』の英訳には，近藤いね子（1941年），エドウィン・マクレラン（1957年），メレディス・マッキニー（2010年）の3名が挑んでいるが，マッキニー訳に関する調査は参考文献に記した著者による研究により端を発したばかりの状態にあること，また，最も新しい翻訳であるため，今日における漱石研究や日本研究の達成が存分に活かされていると考えられもすることから，研究対象として設定しようとするものである。

　日本国内における『心』の研究史を辿っていくと，先生やKの倫理面に焦点を当てた読解から，作品構造を問う読み方に研究の重点が移ってきた。海外ではそのような漱石研究の達成をも踏まえた形での新しい翻訳が登場してきているのであるが，その達成はそのまま翻訳者による作品解釈の結晶と評価するにふさわしいものである。

　マッキニーによる『心』英訳は，原文における形式段落や話法を英文として自然な仕上がりになるよう再構築し直し，英語圏の読者には理解困難と考えられる語句には註釈をつけるなどの配慮が工夫されている。また，序文において「先生」という単語のもつニュアンスや明治天皇への殉死が同時代に持った意味につき紹介するといった心配りもみられ，読者の参考に供するような仕上がりを見せている。また，本文中特段に協調して述べられるべき箇所はイタリック体の表記がなされており，読者の注意をどこに向けてほしいかについても明示的である。マッキニーは翻訳に接する読者に原文を如何に等価な形で提示するかに非常に腐心しているのであるが，日英間に存在する文化的な相違により，それが十分に果たせなかった点も残っていると言わなければならない。

　以上のような認識に基づき，今回はマッキニー訳の中から，日本独特の文化的背景に根差した語彙，語法に的を絞り，それらがグローバルな視野に立てば如何なる解釈の変容を余儀なくされるかに言及したい。

2.　日英語間の相違

　日本文学作品を外国語訳する際に，翻訳者は当該言語圏には存在しない事物

に関する記述をどのように訳せばよいかという問題に直面する。音訳して注釈を
つければ，正確さを追求することはできても，翻訳者が前に出過ぎて原作者の姿
が陰に埋もれてしまいはしないかという危険がある。当該言語圏の読者にも想
像できるような意訳を指向すれば，翻訳に接する読者は原典に見られる記述か
らは相当かけ隔たった想像を巡らせかねないという問題も生じる。

　原典を忠実に訳すべきか，それとも翻訳言語でわかる表現にいっそのこと書
き改めるべきか，翻訳者は両極端の態度を吟味しつつ，それぞれの表現につい
て，訳文の落としどころを探っているものである。その具体的現場の記述を膨ら
ませていけば，翻訳者による作品解釈論が構築され得るであろう。

　文章をまとめて考察対象にしようとすると，膨大な分量になるので，本稿では
日本文化を内包した表現，換言すれば，日英間で大きな隔たりを持った表現を物
語の進行に合わせて取り上げる。

3. 「上　先生と私」（一〜三十六）

　冒頭で「私」はこれから話題にする人物を先生と書き記したくなると述べる
が，その際に「筆を執つても心持は同じ事である」（一）との心境を吐露している。
コンピュータ全盛時代を迎えた現在では，全世界的に「筆を執る」という言葉自
体が死語になろうとしているかのようであるが，英訳では I write of him now
with the same reverence and respect. （3）とされ，「筆を執る」は write で示されて
いる。つまり，「書く」とされているのであるが，「筆を執る」というのはもう少
し重い心境を秘めた表現なのではなかろうか。事実，「下」全章まで読み終えた
後でこの冒頭部に接すれば，「私」が遺書を含む先生との交渉全体を書こうとす
るにあたって，強い覚悟を持って臨んでいる様子が如実にうかがえると言うべき
なのである。とすれば，「筆を執る」＝「書き記すための道具」を手に取るとい
う行為の重みが考慮されてもよいのではないか。write にそこまでの強い決意を
読むのは可能であるのか。興味をそそられる箇所である。

　ここで，「私」は先生との出会いの場面を回想している。舞台となったのは鎌

倉の海水浴場，当時は東京在住者にとってのリゾート地であった。そこで「私」は「其西洋人の優れて白い皮膚の色」（二）The Westerner's marvelously white skin (5) と彼が身にまとっている「純粋の日本衣服」his kimono robe や「我々の穿く猿股」drawers such as we Japanese wear に強く印象づけられ，逆にその西洋人と会話をしていた先生に注目するのであった。「猿股一つで」は only a pair of trunks とも称されているが，「猿股」そのものを英訳の読者は想像できないと考えられる。

　西洋人が西洋語を話している。それに付き合っていたのが先生であった。大正初年頃，西洋語についての知識は旧制高校・大学で授かるものであった。よって，先生が何者であるかは不明だとしても，西洋語を操れるというだけで，「先生」と呼ばれるに相応しい教養をこの人物が持っていたことが容易に想像できる訳である。

　海水浴の場面，「女は殊更肉を隠し勝であつた」とあり，現代の水着とは全く異なった女性の装いがうかがえる箇所，英訳は The women were even more modest. となっている。男でも「いづれも胴と腕と股は出してゐなかつた」のである。その直後に登場する文なので，〈まして女性は〉といった雰囲気なのである。確かに even more modest はその様子を伝えてはいる。しかしながら，「肉を隠し勝」という表現は英語では省略されている。原典の艶めかしさは英訳ではいささか影を潜めたかのようである。

　日本人の方に目をやった「私」は其の人が「手拭」を拾っている場面に立ち会うが，「手拭」は英訳では towel である。後にも，先生が「すぐ手拭で頭を包んで」（二）とあるが，ここも英訳ではやはり then wrapped a small towel around his head（6）なのである。これまた，日英間で全くイメージを異にする単語なのではなかろうか。

　その先生は「すた〳〵浜を下りて行つた」が，対する英訳は set off briskly down the beach である。漱石はしばしば擬態語を使用するが，この「すた〳〵」もその一例である。しかしながら，その面白みは訳文では消失しているようである。「掛茶屋」は stall になっているが，これも大正初期の日本におけるものを読

第5章　日本文化環境を背負った語句の英訳　　93

者が想像できるかという問題はあるのである。その後には「先生はもうちやんと着物を着て入違に外へ出て行つた」とあるのだが，ここは he passed me on his way out, already neatly dressed. と訳され，「着物」を省略する形で切り抜けられている。

　しかしながら，省略を許さないような先生の動作は如何にして切り抜けるべきか。例えば，「先生は白絣の上へ兵児帯を締めて」（三）という表現は，Sensei put on the robe and wrapped the sash around his waist. (7) とされているが，「兵児帯」の何たるか，また「白絣」の「白」が読者に伝わるようには訳されていない。ただ，想像できるのは，先生が和装であっただろうということである。

　「私」は鎌倉での避暑を過ごしながら，後にしてきた東京のことを「其上に彩られる大都会の空気」（四）と称する。この箇所は The city's vibrant atmosphere となっており，「空気」は atmosphere〔雰囲気〕とされている。「私」は田舎の中学校を卒業して，東京の高等学校に在籍する立場である。東京独特の雰囲気に馴染むまでには至っていないからこそ「大都会の空気」などといった表現を用いているのではないかと思考を深めていった時，その翻訳が如何なるニュアンスの犠牲の上に成り立っているかということにも思いを馳せずにはいられない。

　「私」は先生の奥さんから先生の居場所を聞き知って，雑司ヶ谷墓地を訪れ，先生を見つけ出す。先生は「何うして……，何うして……」（五）How…？ How…？ (11) という驚きを発するのだが，その様子を説明する直後の文「先生は同じ言葉を二度繰り返した。其言葉は森閑とした昼の中に異様な調子をもつて繰り返された」（五）は，The repeated word hung strangely in the hushed midday air. (11) と一文化され，また，「異様な調子」という言葉に相当する英語は strangely 一語となっている。

　その後，先生と「私」は一緒になって墓地を歩く。「私」は墓石に彫られた名前を興味津々に見つめた。「依撒伯拉何々の墓だの，神僕ロギンの墓だのといふ傍に，一切衆生悉有仏生と書いた塔婆などが建てゝあつた。全権公使何々といふのもあつた。私は安得烈と彫り付けた小さい墓の前で，「是は何と読むんでせう」と先生に聞いた。「アンドレとでも読ませる積でせうね」と云つて先生は苦笑し

た。」（五）

　西洋人の墓が日本風の装いで表現されている。日本風であることが滑稽で，「私」の興味を引く箇所なのだが，英訳ではその妙味はとても言い表せない。

One of the tombstones was inscribed with a foreign name, "Isabella, So-and-so." Another, evidently belonging to a Christian, read "Rogin, Servant of God." Next to it stood a stupa with a quotation from the sutras："Buddhahood is innate to all beings." Another gravestone bore the title "Minister Plenipotentiary." I paused at one small grave whose name I could make no sense of and asked Sensei about it. "I think that's intended to spell the name Andrei," he replied with a wry smile.（12）

　「依撒伯拉何々」，「安得烈」は共に当て字である。「私」には読み方が分からない。英訳では「安得烈と彫り付けた小さい墓」が〔私にはその名を理解できない小さな墓〕と表現されるが，「一切衆生悉有仏生」という仏教語には意訳が当てられ，それが仏教の世界ではごく普通の表現である様子は隠蔽されているのである。

　日本文化に根ざした表現や独特の日本語表現に根ざした翻訳は，なかなか手ごわい。銀杏が散ったかと尋ねる「私」に「空坊主」（六）にはなっていないと先生は応答するが，「空坊主」は quite bare（14），（八）に登場する「酒」は sake，「盃」は the cup（17），「下女」は maid（17）となっている。一方，「麦酒」（九）は beer（20）なのだが，大正初期に「麦酒」というと舶来の高級な飲み物というイメージがまつわりついているはずである。少なくとも現代のように日常的な嗜好品ではない。けれども，ここは beer 以外に語彙選択の余地がない。これは「チョコレーを塗つた鳶色のカステラ」（二十）に a piece of chocolate-coated sponge cake（42）との訳語が当てられている場面で生じている現象と同様である。また，「書生」（十一）も student（8）と訳されるしか方法のない語彙である。「書生」にまつわる選抜されたエリート集団という意味内容は学生が溢れている現代からは想像し難い。「書斎」（二十一）は living room（43）となっており，居間と訳されていると解釈すべきであろう。

　奥さんは「私」に対して，「本当いふと合の子なんですよ」（十二）と言い，生粋

の江戸っ子ではない事実を伝えるが，ここも直訳には適さず，I'm not a pure-blood.（25）〔純血ではない〕という表現に書き改められた。

「茶箪笥」（二十一）は，drawer of some cupboard（44）となっているが，これも日本文化圏に属する独特な語彙であると見るべきである。

「私」は父の健康状態が思わしくないという報知を受け，学期途中で一時帰省する。すると，父は「床の上に胡坐をかいて」（二十二）sitting up cross-legged in bed（45）迎えるのだが，椅子での生活に馴染んでいる英訳の読者には〔足をクロスさせて〕と敢えて表現せざるを得ないのであろう。

「私は退屈な父の相手としてよく将棋盤に向つた」（二十三）が，To keep my father from boredom, I frequently partnered him in a game of shôgi.（47）という英訳から推察するに〔将棋というゲームの相手になった〕と説明されている。老人の相手にも退屈してきた「私は金や香車を握つた拳を頭の上へ伸して，時々思い切つたあくびをした」（二十三）が，それに対応する箇所，From time to time I would yarn and stretch up my arms, waving aloft some piece I happened to be holding.（47）には，「金」も「香車」も登場せず，〔私がたまたま持っていたいくつかの駒〕と表現されている。この箇所は，日本の将棋を事細かに説明するのが目的ではなく，老人の好みそうな遊びに「私」が付き合っているという様子が伝わればそれで十分と見なければならないであろう。

「松飾」（二十四）は New Year decorations（50）〔新年の飾り〕，「士官」（二十四）は military officer（50）〔軍の事務官〕，「八重桜」（二十六）は the late-flowering double cherries（55）〔遅咲きの重なった桜〕，「巻烟草」も cigarette（66）としか表現し得ない語彙である。「五銭の白銅」（二十八）を先生が子供に渡す場面に登場するが，英訳は a five-sen coin（60）としか表記されず，「白銅」は省略されている。同じ個所で子供は「今斥候長になつてる所なんだよ」（二十八）と先生に言うが，その箇所は I'm leading the spy patrol in our game, see,（60）と訳され，当時の「斥候長」が軍隊にあって如何なる職階であったかは不明な形になっている。「羽織」（二十九）は coat（62），こうして見てみると，一対一対応の名詞がなかなか得られない事実が浮き彫りになってくる。

「黴臭くなつた古い冬服」(三十一) は my musty old formal winter wear（67）となっており，formal という単語が添えられることで，〈正装〉というニュアンスを含む形で訳されている。

大学を卒業した「私」は先生の宅で夕食を御馳走になるが，その際の描写は「先生のうちで飯を食ふと，屹度此西洋料理店に見るやうな白いリンネルの上に，箸や茶碗が置かれた。さうしてそれが必ず洗濯したての真白なものに限られてゐた。」(三十二) とあり，Whenever I dined at Sensei's the chopsticks and bowls were placed on this white linen that seemed to have come straight from some Western restaurant ; the cloth was always freshly laundered.（67）と訳される。「西洋料理店」が Western restaurant なのは当然であるとしても，この文脈の中では高級店という含みがあるのである。「洗濯したて」の「したて」というニュアンスは英訳には感じられず，先生の潔癖ぶりはいささか英訳では影を潜めているかのようである。その後「其晩私は先生と向ひ合せに，例の白い卓布の前に坐つた」(三十二) が，This evening I was again seated across the table from Sensei with the white tablecloth between us.（68）という英訳だと，「例の」という意味合いが影を潜めるのである。

先生はその夜，奥さんとの会話で自分が死んだら，「おれの持つてるものは皆御前に遣るよ」(三十五) と述べると，奥さんは「何うも有難う。けれども横文字の本なんか貰つても仕様がないわね」Thank you. But I couldn't do much with those foreign books of yours, you know.（73）と切り返す。「横文字の本」とは洋書を指し示しているので foreign books でよいが，「横文字」＝「洋書」，「縦書き」＝「和書」という常識の範疇で奥さんが思考を巡らせていた様子は翻訳上に姿を現わさない。

本のことについて，もう一点例を挙げよう。「国へ帰つてからの日程といふやうなものを予め作つて置いたので，それを履行するに必要な書物も手に入れなければならなかつた。私は半日を丸善の二階で潰す覚悟でゐた。」(三十六) とあるのだが，当時の読者であれば，まして東京在住の読者なら，丸善が洋書を扱う書店で，二階が洋書コーナーであることは知つているか，または想像できるに違い

第5章　日本文化環境を背負つた語句の英訳　　97

ない。

　しかしながら，英語圏の読者には Maruzen が何を意味しているのか，理解できないであろう。翻訳者は「私は半日を丸善の二階で潰す覚悟でゐた」に注意深く最小限度の説明を本文中に織り交ぜ，I had decided to spend a good half day on the second floor of Maruzen bookshop, through the foreign books. (75) としているのである。

　帰省に際して，「私」は「買物のうちで一番私を困らせたのは女の半襟であつた」（三十六）The most troublesome item on the shopping list was some ladies' kimono collars. (75) と振り返るが，「半襟」は kimono collars〔着物のえり〕なのである。kimono は今や日本古代の民族衣装として世界で広く知られるに至ったためか，注釈も特になく使われている。また，その後には，「私は鞄を買つた。無論和製の下等な品に過ぎなかつたが，それでも金具やなどがぴか〳〵してゐるので，田舎ものを威嚇かすには充分であつた。」（三十六）I bought a travel bag. It was, of course, only an inferior, locally made one, but its shiny metal fitting would look impressive enough to dazzle country folk. (75) と続いている。「和製の下等な品」は an inferior, locally made one と書き換えられている。locally に相当するのが「和製」なのであろう。対義語としては global が思い浮かぶ。舶来品が上等で国産品が下等という偏見を「私」ばかりか読者も抱いていて当然であるという脈絡の中にこの文は存在しているのである。

4. 「中　両親と私」（三十七〜五十四）

　「中　両親と私」では，大学を卒業した「私」が帰省し，病状の思わしくない父とやり取りする場面が主として描かれている。「大学位卒業したつて，それ程結構でもありません。卒業するものは毎年何百人だつてあります」（三十七）という会話文に続く地の文は「私は遂に斯んな口の利きやうをした。すると父が変な顔をした。」（三十七）なのだが，英訳ではここまでが以下のようにまとめられている。"There's nothing particularly fine in graduating from the university." I found myself responding testily. "Hundreds of people do it every year, you know." My father's expression changed.

testily は, 〔短気に, おこりっぽい〕とでも訳し得ようか。すると, I found myself responding testily. は〔短気に反応していると分かった〕となり, 「私は遂に斯んな口の利きやうをした」からはかなり隔たった表現となっていることが分かるし, 「父が変な顔をした。」も〔父の表情が変わった〕としか言っていないことに気付かされる。

「私」は折角の卒業証書を折り曲げて持ち帰ってくる。「一旦癖のついた鳥の子紙の証書は, 中々父の自由にならなかった」(三十七) は, The warp in the thick, elegant paper refused to respond to his attempts to straighten it. となっており, 「鳥の子紙の証書」は the thick, elegant paper〔薄く綺麗な紙〕に変化するより他にない。

母は父が長生きするはずだと気丈に言って見せた後で, 「夫よりか黙つてる丈夫の人の方が剣呑さ」(三十八) と続けるが, 英文には原文にはない So don't worry.(82) が挿入された後に, There's actually more cause to worry with someone who seems healthy and never talks like that.(82) と続くのである。「剣呑さ」の意は英文では薄まったかのように見える。

その後, 「私のために赤い飯を炊いて客をするといふ相談が父と母の間に起つた」(三十九) が My parents discussed together the idea of inviting guests over for a special celebratory meal in my honor.(83) とされており, 「赤い飯」の意は消失している。

「私」は祝宴を非常に嫌ったが, 「明治天皇の御病気の報知」(三十九) it was announced that Emperor Meiji was ill.(84) があったために中止となる。「御病気の報知」には敬意表現が認められるが, 訳文ではそのニュアンスも消失していると見るべきであろう。父は明治天皇のことを「天子様」(四十) と呼び, 最大限の敬意を表しているが, この箇所については His Majesty(86) という訳語が対応している。

「五十恰好の切下の女の人」(四十) は, a woman in her fifties with a plain

widow's haircut（85），「切下」という意に配慮が示されているが，「女の人」は含蓄を持たせて widow と訳されるのである。

　母は次第に病気に対して弱気になる父をかばって，「私」に対して「ちつと又将棋でも差すやうに勧めて御覧な」（四十）"Try to interest him a bit in playing shôgi again, will you ?"she said.（86）と忠告する。「将棋を差す」の「差す」という含意は playing とは異なって映る。

　天皇崩御の知らせに接した時，父は「あゝ，あゝ，天子様もとう〳〵御かくれになる。己も……」（四十一）"His Majesty has passed away! And I too…"（88）といううなり声を上げた。先ほど見たように「天子様」も訳出困難な語彙であるが，「御かくれになる」という言い回しはさらに難しい。訳文では現在完了形にて〔亡くなった〕と示されるのみで，「御かくれになる」に含まれている敬意表現は姿を消すのである。

　「私」一家は明治天皇に弔意を示そうとした。「私は黒いうすものを買うために町へ出た。それで旗竿の球を包んで，それで旗竿の先へ三寸幅のひら〳〵を付けて，門の扉の横から斜めに往来へさし出した。旗も黒いひら〳〵も，風のない空気のなかにだらりと下つた。」（四十一）は，I went into the town to buy some black mourning cloth. We wrapped it around the shiny metal ball on the tip of our flagpole, hung a long three-inch-wide strip from the top of the pole, and propped it at our front gate, pointing at an angle into the street（88）と訳出されている。cloth は布のことで，上記では「うすもの」を指し示している。strip とは，布の一切れという意味だが，ここでは「ひら〳〵」の訳として用いられている。どちらも，日本語の音声的響きが込められていると思われるが，それは翻訳には馴染まない。

　父は「私」が兄と同様高給取りになることを望んだ。「私」は「時代も違ふ」（四十二）事実を強調する。この箇所の英訳は different generation（89）である。異なる世代と言えばよいであろうか。「私」がそうなるためには，東京に出て就職活動をする必要があった。上京すると決めた時，父は「御母さんに日を見て貰ひなさい」（四十四）"Ask your mother to find an auspicious day in her almanac," he said.（93）と忠告する。「日」という漢字一文字で済ませている原文には an auspicious day in her almanac（暦にある幸運な日）と述べなければならない含蓄があった。用意した「行李」（四十五）は the wicker trunk〔枝編み細工のトランク〕，父が「夜に入つてかき餅などを貰つてぽり〳〵噛んだ」（四十五）は In the evening he asked for strips of persimmon-flavored rice cake, which he munched on with relish.（96）と訳されるが，「かき餅」「ぽり〳〵」のニュアンスは訳し切れないと言わなければなるまい。

　「私」が目指す「東京が凝としてゐる時は，まあ二六時中一分もないと云つて可い位です」（四十六）の英訳は there's not a moment day or night when Tokyo stands still.（98）である。「二六時中一分もない」は日本語独特の表現とみるべきであろう。

　先生のことを「兄は何か遣れる能力があるのに，ぶら〳〵してゐるのは詰らん人間に限ると云つた口吻を洩らした」（五十一）が my brother spoke in terms that dismissed him as hopelessly lazing about despite his abilities.（108）では「ぶら〳〵」や「口吻を洩らした」の意がなかなか見えてこない。一方，病状が悪化の一途を辿る父は，「乃木大将に済まない。実に面目次第がない。いへ私もすぐ御後から」（五十二）とうめく。ここは，原文では会話文だが，英訳では地の文も織り交ぜて，"General Nogi fills me with shame," he mumbered from time to time. "Mortified to think of it ── no, I'll be following His Majesty very soon too."（110）と訳されるのである。

5. 「下　先生と遺書」（五十五〜百十）

　「下　先生と遺書」は全文が先生の「私」に対する手紙である。文末は「上」「中」とは異なり，すべて敬体で貫かれている。先生は真実を誠実に述べたいとして，ここに書き記す事柄を「間に合せた損料着ではありません」（五十六）と比喩的に表現している。当該箇所は It is not some rented clothing I have borrowed to suit the moment.（124）であって，「損料着」にぴったりと呼応する訳文ではな

い。

　先生は相次いで両親を亡くしたが，父なき後，母は叔父に向かって「其処に居合わせた私を指さすやうにして，「此子をどうぞ何分」と云ひました」（五十七）とある。「どうぞ何分」の後にどれだけの含蓄があるのであらうか。単純に解釈するならば「よろしくお願いします」といった意味が隠れていると見てよいのであり，訳文はその線を尊重して，I was at her bedside with him when she indicated me and begged him to look after me. （125）となっている。しかしながら，母はもはやその後を口にすることはできなかった。そこに，母の悲痛な声を原文の読者であれば想像すると考えられる。

　先生は「父は一口にいふと，まあマンオフミーンズとでも評したら好いのでせう，比較的上品な嗜好を有つた田舎紳士だつたのです」（五十八）と英単語を持ち出して父のイメージを反芻する。この箇所は英訳では大幅に書き換えられ，The English expression "a man of means" probably sums up my father; he was a country gentleman of somewhat cultivated tastes. （128）となっているが，適訳と見るべきであらう。

　叔父は自分の娘を先生と結婚させようと躍起になる。先生が帰省した際には「けれども善は急げといふ諺もあるから，出来るなら今のうちに祝言の盃丈は済ませて置きたいとも云ひました」（六十）とのことであるが，この箇所は "But," he went on, "we should 'seize the day,' as the saying goes, and perform the basic exchange of marriage cups as soon as possible." （132）と訳され，「祝言の盃」に対応する the basic exchange of marriage cups には注釈が施されている。日本伝統の文化的行事であるだけに，説明の必要は生じていると見るべきであらう。

　叔父の息子は，「高等商業」（六十一）the Industrial College （133）へ入るつもりだったと言うが，その学校が現在の「一橋大学」の前身であり，大変な難関校であった事実は，英語圏の読者には伝わるまい。

　先生は当時の言はば思春期を回想し，「今迄其存在に少しも気の付かなかつた異性に対して，盲目の眼が忽ち開いたのです。それ以来私の天地は全く新らしいものとなりました。」（六十一）と述べ，叔父の娘はその範疇には入らなかったこと

を打ち明けている。「盲目」とは，今では差別語として忌避される語彙だが，先生はそれまで思いもよらなかった異性に恋い焦がれるようになった事実を率直に吐露している。この箇所，My eyes, until then quite blind to this beauty in the opposite sex, sprang open, and from that moment my universe was transformed. (134) と訳され，「盲目」という差別語は忌避された。

　叔父は先生から詰問されることを恐れ，多忙を理由に接触を避けようとした。先生は，当時「忙がしがらなくては当世流でないのだらうと，皮肉にも解釈してゐたのです」(六十二) とあり，その箇所の英訳は I sometimes cynically suspected that he was following the modern fashion to appear busy. (135) だが，「当世流」には modern fashion〔最近の流行〕，「解釈してゐたのです」には suspect〔疑う〕が当てられている。叔父が「妾」(六十二) mistress〔既婚男性の情人〕を持っているという噂も先生にとっては本当にこの人を信じてよいのかどうかが不安となる材料であった。

　叔父との談判に追い込まれた先生は，「財産を胡魔化」(六十三) された事実を知る。もはや，誰も信用できないと悟った先生は他の親戚も信用しようとしない。「それでも彼等は私のために，私の所有にかゝる一切のものを纏めて呉れました。それは金額に見積ると，私の予期より遥かに少ないものでした。私としては黙つてそれを受け取るか，でなければ叔父を相手取つて公け沙汰にするか，二つの方法しかなかつたのです。」(六十三) とあるが，英訳は Nevertheless, these relatives sorted out for me everything that pertained to my inheritance. Its cash value came to a great deal less than I had anticipated. I had only two options : to accept this accounting without complaint, or to take my uncle to court. (138) となっている。「金額に見積ると」は cash value〔現金としての価値〕となり，「受け取る」は accept，「叔父を相手取つて公け沙汰にする」は take my uncle to court なのである。「自白すると，私の財産は自分が懐にして家を出た若干の公債と，後から此友人に送つて貰つた金丈なのです」(六十三) は To be honest, my assets amounted to the few government bonds I had in my pocket when I left home, and the money my friend subsequently sent. (138) となり，「自白すると」が To be honest〔率直に言うと〕,「懐にして」が in my pocket〔ポケットの中に〕,「若干の」は the few, と訳されている。

　先生は沈鬱な気分をどうやって晴らすかに心を砕く。「新らしく一戸を構へて見やうか」(六十四) finding myself a house to live in (139) という考えも頭をかすめた。ここは,英訳よりも原文の方が重々しく映る。一戸を構えるなどというのは一人前になった大人のする行為という印象を強く読者に抱かせるからである。

　先生は当時を回想して言う。「私は露次を抜けたり,横丁を曲つたり,ぐる〳〵歩き廻りました。仕舞に駄菓子屋の上さんに,こゝいらに小じんまりした貸家はないかと尋ねて見ました。上さんは「左右ですね」と云つて,少時首をかしげてゐましたが,「かし家はちよいと……」と全く思い当らない風でした。私は望のないものと諦らめて帰り掛けました。すると上さんが又,「素人下宿ぢや不可ませんか」と聞くのです。」(六十四)。対する英訳は以下の通りである。

I wandered around, ducking down lanes and into side alleys. Finally I asked a cakeseller if she knew of any little house for rent in the area.

"Hmm," she said, and cocked her head for a moment or two. "I can't think of anything offhand…" Seeing that she apparently had nothing to suggest. I gave up hope and was just turning for home when she asked. "Would you lodge with a family?" (139-140)

　「上さんは「左右ですね」」以下,英文では新しい形式段落が立てられ,先生の問いと上さんの答えが書き分けられている。「駄菓子屋の上さん」は a cakeseller (139)〔ケーキ屋の人〕,「素人下宿ぢや不可ませんか」は "Would you lodge with a family?" (140) であり,〔一般家庭に住むのはどうですか〕といったような意に訳されているのである。

　紹介されたのは,「ある軍人の家族,といふよりも寧ろ遺族」(六十四) a military man, or rather of his surviving family (140) であった。「一年前までは,市ヶ谷の士官学校の傍とかに住んでゐた」(六十四) Until about a year before, the family had been living near the Officers' Academy in Ichigaya, (140) とのことであった。「士官学校」は the Officers' Academy と訳される。「未亡人と一人娘と下女」

104

（六十四）the widow, her daughter, and a maid（140）から成る家族に興味を抱いた先生は，その宅を訪問することになるのであった。「本郷辺に高等下宿といつた風の家がぽつ〳〵建てられた時分の事ですから」（六十五）は，At that time a few better-quality student boardinghouses were springing up in the Hongô area,（141）が対応するが，「高等下宿」は better-quality student boardinghouses（141），一方「ぽつ〳〵建てられた時分」は were springing up（141）で過去進行形を用いて処理されている。先生が落ち着いた部屋は，当時の学生の住まいとしては最も贅沢なものであったが，そこにあった花と琴は気に入らない。先生はその理由を「私は詩や書や煎茶を嗜なむ父の傍で育つたので，唐めいた趣味を小供のうちから有つてゐました」（六十五）I had been brought up by a father who appreciated the Chinese style of poetry, calligraphy, and tea-making, and since childhood my own tastes had also tended toward the Chinese.（141）と書き記している。詩，書，煎茶はいずれも「唐めいた趣味」に属するものであるため，Chinese style of（141）という語句が添えられている。

　先生は引っ越しに際して持ってきたものについて「私の父が存生中にあつめた道具類は，例の叔父のために滅茶々々にされてしまつたのですが，夫でも多少は残つてゐました。私は国を立つ時それを中学の旧友に預かつて貰ひました。それから其中で面白さうなものを四五幅裸にして行李の底へ入れて来ました。」（六十五）と述べているが，この箇所は My uncle had squandered the collection of objects that my father had accumulated during his lifetime, but some at least had survived. Before I left home, I had asked my shool friend to care for most of them and carried four or five of the best scrolls away with me in my trunk.（141）と訳されている。「道具類」は the collection of objects，「四五幅」は four or five of the best scrolls である。「後から聞いて始めて此花が私に対する御馳走に活けられたのだといふ事を知つた時，私は心のうちで苦笑しました」（六十五）は，Later I learned that these flowers had been put there especially to welcome me, and I smiled drily to myself.（142）で，「御馳走」は especially to welcome なのである。その花は「臆面なく」（六十五）unashamedly（142）活けられていたとのことであった。

第5章　日本文化環境を背負った語句の英訳　　105

御嬢さんは，琴を弾く時，「ぽつん＼〜糸を鳴らす丈で，一向肉声を聞かせないのです」（六十五）と先生は観察する。この箇所の英訳は She simply plucked dully away at the instrument.（142）となっており，「ぽつん＼〜」という擬態語や「肉声」といった比喩は訳出されていない。

先生は，当時を回想して「私は未亡人の事を常に奥さんと云つてゐましたから，是から未亡人と呼ばずに奥さんと云ひます」（六十六）と言っているが，この箇所の英訳は I always called the widow by the polite title of Okusan, so I shall do the same here.（145）で，Okusan がそのまま残ったこと，及び，「是から未亡人と呼ばずに奥さんと云ひます」が（私はここで同様にしよう）とでも言い得る形に訳されていることを指摘しておきたい。その奥さんが探していた下宿人は「俸給が豊でなくつて，已むを得ず素人屋に下宿する位の人」（六十六）だったが，some underpaid fellow who couldn't afford a place of his own（145）（もとの所にいられなかった低所得の人）となれば，印象も随分異なってくる。

一方，「御嬢さんの部屋は茶の間と続いた六畳でした」（六十七）は Ojôsan occupied a six-mat room beyond the sitting room.（147）で，「御嬢さん」は奥さんと同じくそのまま，「六畳」は〔六つのマットがある部屋〕，「茶の間」は〔居間〕と訳された。御嬢さんはその部屋で「琴を浚ふ」（六十七）とあるのだが，この部分は practicing her koto（147）〔琴の練習をする〕と訳された。

横浜の商人の家に生まれた友人宛に届いた「羽二重の胴着」（七十一）は an underrobe of fine silk.（154），先生が御嬢さんに買ってやりたかった「帯か反物」（七十一）は an obi or some fabric（154），奥さんが夕食に連れて行った木原棚にあった「寄席」（七十一）は vaudeville theater（155）という訳され方をした。

こうして物語は進行し，いよいよ K の登場を迎える。「K は真宗の坊さんの子でした」（七十三）は K was the son of a Pure Land Buddhist priest —— (158) となるが，それで英語圏の読者に「真宗の坊さん」がイメージできるかどうかは心もとない。その後，仏教に関わる語が頻出する。「本願寺派」（七十三）は The Hongan subsect（158），「真宗寺」（七十三）Pure Land temple（158），「道」（七十三）"chosen path."（159），「大観音」（七十四）the Great Kannon（160），「本堂」（七十四）the

106

main temple building（160），「坊さんらしく」（七十四）monastic（160），「珠数の輪」（七十四）A circlet of Buddhist rosary beads（160），「爪繰る手を留めたでせう」（七十四）his fingers cease to move those beads?（160），「モハメッドと剣といふ言葉に」（七十四）the idea of Muhammad spreading the Word "with book or sword,"（161）など，いずれも知っていなければ理解が困難な語が続く。

　Ｋは医学を専攻させるという養家の意向を反古にしたため，「昔の言葉で云へば，まあ勘当なのでせう」（七十五）といった扱いを受ける結果となるが，この箇所は To use an outmoded expression, they, as it were, disowned him.（163）と訳されている。「勘当」という名詞は disowned という動詞で処理される。彼の振舞いには「武士」（七十五）に似た所があったが，ここには日本語をローマ字表記した samurai（163）が使用され，この単語が英語圏に受容された様子がうかがえる。また，夜学校の教師をするうちにＫは「神経衰弱」（七十六）nervous collapse（165）のような様相を呈するようにもなる。「神経衰弱」とは当時流行した単語であるが，〔精神の崩壊〕といった訳がなされている。

　そこで，先生は奥さん宅の「四畳」（七十七）a little four-mat room（166）にＫを引っ張ってくる。畳の部屋を見たことのない読者には〔マット４つの部屋〕が理解しにくいと考えられるが，なかなか妙案は得られないであろう。奥さん宅への引越しはＫから見れば「幽谷から喬木に」（七十七）"from deep ravine to treetop high."（167）乗り移ったかのような変化であった。しかしながら，「仏教の教義で養はれた彼は，衣食住について兎角の贅沢をいふのを恰も不道徳のやうに考へてゐました」（七十七）His Buddhist upbringing had led him to think that paying attention to comfort in the basic needs of life was immoral.（167）とある通り，困難をすべて引き受ければ，修養の道が全うできるとＫは考えたのである。「衣食住」に相当する箇所は the basic needs of life〔生活上基本的な必要物〕であるから，「衣」「食」「住」というそれぞれの漢字が持っているニュアンスは影を潜めたのである。

　換言すれば，「艱苦を繰り返せば，繰り返すといふだけの功徳で，其艱苦が気にかゝらなくなる時機に邂逅へるものと信じ切つてゐたらしいのです」（七十八）

The simple virtue of repetition of pain, he was sure, would bring him to a point where pain no longer affected him.(169) という発想で貫かれていたのだった。「繰り返すといふだけの功徳で」の箇所はなくても理解できるという訳者の判断がここにはある。「邂逅へる」は bring him to a point であって「邂逅」というもともとは名詞だった言葉を動詞のように使用している様子までは訳文には現われない。先生は「Kが新らしく引き移つた時も，私が主張して彼を私と同じやうに取扱はせる事に極めました」（八十）When K arrived, I insisted that he too be brought in for meals.（173）と述べるが，Kにはその有難味も十分には伝わらない。訳文では「同じやうに取り扱はせる」のが食事についてであるという点が補足されている。

　一方，Kは「学問」（八十一）study（175）の話に夢中で，「立ち入つた話」（八十三）private matters of the heart（178）〔胸中の個人的な事項〕に入るすべを先生に与えない。先生はその様子を「道学の余習」（八十三）a lingering effect from the Confucianism of an earlier time（178）のようにも思ったが，（それまでの時間）とでも称すべき an earlier time という言葉がここには添えられているのである。

　2人で房州を旅行した時の心境を，先生は「急に他の身体の中へ，自分の霊魂が宿替をしたやうな気分になるのです」（八十四）rather it was the disturbing feeling that one's soul had suddenly moved on to inhabit someone else.（180）と回想する。「宿替」は一種の比喩表現だが，直訳はなされておらず「乗り移る」といった動詞が使用されている。「鯛の浦」（八十四）the famous Sea Bream Inlet（180）を見たり，「日蓮」（八十四）the famous Buddhist priest Nichiren（180）にゆかりのある「誕生寺」（八十四）Tanjôji, or "Birth Temple,"（181）で「住持」（八十四）head priest（181）に会ってみたり，その侍従が「日蓮は草日蓮と云はれる位で，草書が大変上手であつた」（八十四）Nichiren was renowned for his excellent cursive writing style（181）と言うと，肩を落としたりするのである。

　それに対して，先生は「人間らしいといふ抽象的な言葉」（八十五）an abstraction such as *human*（183）で対抗しようとする。「人間」に相当する human にはイタリック体が用いられ，強調されているのであるが，そのような応戦を繰返した二

人は「異人種のやうな顔をして」（八十五）like two visitors from another world (183)「両国」（八十五）the Ryôkoku district (183) へ戻り，「軍鶏」（八十五）a chicken dinner（183）を食べるのだった。「軍鶏」は鶏肉の一種だが，単に鶏肉とだけ訳されている。先生は帰宅後，御嬢さんがKに対するよりも自分に対してより親切であるかのような雰囲気に接し，「私は心の中でひそかに彼に対する愷歌を奏したのです」（八十六）A gleeful song of victory sang in my heart.（184）と述べている。「ひそかに」は in my heart〔心の中で〕とされ「彼に対する」は省略されている。

　興味深い現象はさまざまにあるが，以下，語句に限って抽出してみよう。「編上」（八十六）a pair of straw sandals (184),「草履」（八十六）laced shoes (184),「蒟蒻閻魔」（八十七）the fierce Enma image that stands in Genkaku Temple (186),「歌留多」（八十九）the New year game of poem cards (190),「百人一首の歌」（八十九）*Hyakunin isshû* poems（190),「茶の間」（九十一）the sitting room（195),「俥の音」（九十二）a rickshaw approaching.（196),「蕎麦湯」（九十二）some buckwheat soup (196),「五分の隙間もないやうに」（九十五）with unwavering intent.（202),「真宗寺」（九十五）the Pure Land sect（202),「中学時代」（九十五）his teenage years (202),「精進」（九十五）"spiritual austerity,"（203),「禁慾といふ意味」（九十五）the idea of control over the passions (203),「道」（九十五）"the true Way."（203),「覚悟？」（九十六）"Resolve?"（205),「自覚とか新らしい生活とかいふ文字」（九十七）"the new awakening" or "the new way of life,"（206),「其二字」（九十七）this simple word (207),「覚悟の二字」（九十八）the word *resolve*（208),「悲しい事に私は片眼でした。」（九十八）Sadly, however, I was blinded by my own single-minded preoccupation.（208),「明神の坂」（百）the hill to Kanda Myôjin Shrine (212),「大方極が悪いのだらう」（百）"She's probably feeling shy,"（213),「なんで極が悪いのか」（百）"Why should she?"（213),「私に対する御嬢さんの挙止動作」（百一）the way Ojôsan had begun to behave toward me (214),「薄志弱行」（百二）weak and infirm of purpose（217),「襖に迸ばしつてゐる血潮」（百二）the blood that had spurted over the sliding doors.（217),「寐巻」（百三）nightdress (219),

「不断着の羽織」（百三）a kimono coat（219），「立て切りました」（百三）closed（219），「唐紙」（百四）the sliding doors（220），「明治天皇が崩御になりました。」（百九）Emperor Meiji passed away.（231），「では殉死でもしたら可からう」（百九）"Well, then, you could follow the old style and die with your lord, couldn't you."（231），「酔興」（百十）mere personal whim（233），「余計な事」（百十）ridiculous（233）など，注目すべき点は多数発見できるように思われるのである。

6. 結　語

　こうして英訳を原文と併せて参照してみると，翻訳者の苦心がさまざまな配慮を生んでいることが如実に理解できる。日本の文化的背景に根ざした語句は，無数に存在していると言ってよいが，それらを一対一対応する形で訳出する困難は容易に想像できる。

　本稿では，日本独特の文化的背景を持った語句で，日本人の立場から見れば訳出困難が想起される箇所に絞って英訳の状況を概観してみた。そのような部分を抽出すれば，マッキニーの苦心の跡がはっきりとうかがえるのである。

付　記

　本文の引用は，『漱石全集　第9巻』（岩波書店，1994年9月），訳文の引用は Natsume Sôseki, *Kokoro* translated by Meredith McKinney.New York：Penguin Group, 2010. によった。日本語原文の後に記した漢数字は同書の章番号，英訳の後に記した算用数字は同書における頁数を示している。また，英訳に対する著者の再翻訳は〔　　〕に示したとおりである。

　本稿は，第4回東南アジア日本研究協会国際シンポジウム（於・タマサート大学東アジア研究所〔ランシット・キャンパス〕，2014年12月16日）における口頭発表「夏目漱石『心』英訳にみる日本文化翻訳上の問題点——Meredith McKinney訳を手がかりに——」に基づいている。本文は同題にて，The proceedings of the 4th International Conference of the Japanese Studies Association in Southeast Asia "State and Non-state Actors in Japan –ASEAN Relations and Beyond" 2015, pp.151-

165. に掲載された原稿に修正・加筆を加えたものである。

参考文献

徳永光展・小河賢治［2013］「英文・夏目漱石『心』の研究—Meredith McKinney 訳の評価をめぐって」『社会環境学』第 2 巻第 1 号，社会環境学会，pp.45-64

徳永光展［2015］「日英翻訳における時制の処理—夏目漱石『心』の Meredith McKinney による英訳を例として」「タイ国日本研究国際シンポジウム 2014 論文報告書」チュラーロンコーン大学文学部東洋言語文化学科日本語講座，pp.324-337

徳永光展［2016］「夏目漱石『心』英訳で読む「下 先生と遺書」—Meredith McKinney 訳の分析」『北海道言語文化研究』第 14 号，北海道言語研究会，pp.159-178

徳永光展［2016］「夏目漱石『心』英訳で読む「上 先生と私」—Meredith McKinney 訳の分析」李東哲・権宇・安勇花主編『中朝韓日文化比較研究叢書 日本語言文化研究 第 4 輯（上）』延辺大学出版社，pp.531-539

徳永光展［2016］「夏目漱石『心』英訳における話法の処理—Meredith McKinney による翻訳を資料として」『日本語日本文學』第 45 輯，輔仁大學外語學院日本語文學系，pp.15-40

徳永光展［2016］「夏目漱石『心』英訳の状況—Meredith McKinney の翻訳をめぐって」『福岡工業大学研究論集』第 49 巻第 1 号（通巻第 75 号），福岡工業大学，pp.27-33

徳永光展［2016］「夏目漱石『心』英訳で読む「中 両親と私」—Meredith McKinney 訳の分析」『比較文化研究』第 123 号，日本比較文化学会，pp.107-123

徳永光展［2017］「原作と翻訳のすきまは埋められるか—夏目漱石『心』にみる日本文化の表現」『比較文学・文化論集』第 34 号，東京大学比較文学・文化研究会，横 pp.30-43

徳永光展［2017］「夏目漱石『心』英訳の変遷」郭南燕編『世界の日本研究 2017 —国際的視野からの日本研究』国際日本文化研究センター，pp.307-321

夏目漱石［1994］『漱石全集　第 9 巻』岩波書店

Natsume Sôseki, trans. Ineko Sato.［1941］*Kokoro*.Tokyo：The Hokuseido Press.

Natsume Sôseki, trans. Edwin McClellan.［1957］*Kokoro*. Chicago：Henry Regnery Company.

Natsume Sôseki, trans. Meredith McKinney［2010］*Kokoro*. New York：Penguin Group.

第6章

持続可能な社会を構築するための
実践的な環境教育の方法論

―里山・ビオトープ活動と生物多様性―

坂 井 宏 光

1. はじめに

　近年の急激な経済開発に伴う地球規模での環境破壊や汚染が進行し，将来世代に大きな環境リスクや負の遺産を積み残している。そのため，国際社会においては，環境連携・協働による持続可能な社会を目指したさまざまな取り組みを行っているが実効性が薄れている。その中で，2011年3月11日に東日本大震災と津波により，最も深刻なレベル7という福島第一原発事故が発生した。これを契機に，あらためて原発の危険性が共有され，再生可能エネルギーへの移行が国際的な流れを加速している（和田［2016］）。日本国内では，2009年以降，環境省の『環境白書』で示されるように廃棄物問題から資源循環型社会へ，エネルギー問題から低炭素社会へ，自然生態系破壊の問題から自然共生社会を目指すことが持続可能な社会の基本となっている（環境省編［2016］）。また，持続可能な社会を構築するためには，実践的な環境教育による環境人材育成が必要不可欠である。

　日本における環境教育は水環境を守る活動から始まったと言っても過言ではない。すなわち，戦後まもない1949年に発電所の建設でダムの底に沈もうとしていた群馬県の尾瀬沼を守るために生物学者や登山家などによって「尾瀬保全期成同盟」が結成された（日本自然保護協会［2009］p.411）。これが1951年に広く日本の自然環境を保全するために「日本自然保護協会」設立に発展した。ここでの活動は自然観察による環境教育や環境学習が基本である。また，1950年代か

ら60年代に，日本国内では急激な経済発展を遂げる過程で深刻な大気汚染や水質汚濁が発生した。その中で，悲惨な水俣病，イタイイタイ病や四日市喘息のような公害禍が大きな社会環境問題となってきた。悲惨な公害禍を起こさないための予防的な対策としての公害教育も重要な環境教育として受け継がれてきた。日本独自の環境教育は，このような自然観察などによる環境保全活動と60年代の環境汚染や環境破壊の防止活動などの公害教育が加わって発展してきたと言えよう（坂井［2006］）。

　そして，2010年に生物多様性条約第10回締約国会議（COP10）が名古屋で開催され，自然共生社会が目標の一つとなった。日本ではかつて害鳥扱いされ，乱獲，乱開発や農薬汚染で絶滅した鳥類の自然界での復活は，生物の多様性と生態系保全が求められる時代の中で，自然環境共生の象徴となりつつある。兵庫県豊岡市の水田・ビオトープで人工繁殖され，放鳥されたコウノトリが全国で確認されている。福岡県筑前地域にも，2017年2月にコウノトリのつがいが飛来した。今後，営巣・定着することが期待されている。新潟県佐渡市でも大規模な水田・ビオトープの環境保全により，中国産トキが人工繁殖後，放鳥され自然下で約200羽生息し，繁殖も確認されている。このような貴重な生物の観察や自然復帰は，地域の小学生から大人まで環境学習や交流の場として活用されて，国内外の協調的な環境人材育成にもなっている。

　日本国内では小学校を中心に環境学習の場として，ビオトープ活動が普及しているが，福岡県内でも継続性や環境人材の不足が問題となってきた。福岡市の臨海工場のビオトープは2001（平成13）年に同市が都市空間における生物の生息場所の創出を目的に，市民参加型のビオトープ活動（生き物探し）の場としても活用している（福岡市，臨海清掃工場・ビオトープパンフレットより）。また，同市では，2010年度から「生物多様性ふくおか戦略」の策定に着手している。その中で同市の取組みは，ビオトープ教室や，その他，市民参加で行っている里山保全活動などと広範囲にわたる。また，北部九州を流れる代表的な一級河川である遠賀川の多自然型川づくりがされている。この川の中流域に水辺環境館があり，環境学習の一環として，川の環境調べや環境の美化，水質や水生生物の調査が地域

住民や中学生などによっても行われている。生物多様性の保全を進めながら豊かな持続可能な社会にしていくには，行政だけでなく，大学や市民，地域企業などさまざまな階層との連携・協働（パートナーシップ）と環境人材育成が重要な要である。

　本研究では，日本を象徴するトキやコウノトリの野生復帰活動状況などを調査し，地域における生物多様性や生態系の重要性を学習・伝達する環境教育の意義や効果について研究した。また，福岡工業大学の構内にある里山・ビオトープの自然生態系の再生活動や環境教育の場として活用状況を検討した。さらに，持続可能な社会を構築するための実践的な環境教育の方法論として，里山・ビオトープ活動による地域環境の保全，再生と創生から地域の活性化と継続的な環境保全のあり方や課題などを研究した。

2.　里山・ビオトープによる地域の環境保全

2.1　ビオトープの類型

　里山は，「人の手を入れながらの管理を必要とし，里での生活に密接に関係して林地や草地等として利用される山や丘陵地」と定義されている（鈴木［2014］）。近年，里山の有する二次的自然生態系やさまざまな生態系サービスが開発や放棄による消滅や荒廃で危機に陥っていることが問題となり，そのため里山と里地の繋がりの重要性が明らかにされている。また，2010年代に日本独自の里山・里地の概念が一般化する中で，ビオトープの重要性が再認識されつつある。ビオトープ（Biotope）は，景観生態学，地域生態学から生まれた学術用語である。ギリシャ語のビオス（Bios：生物）とトポス（Topos：場所）を合成したドイツ語で，「生物の生育・生息空間」を意味する。動物植物が存在する空間において，景観としての等質的最小単位である「エコトープ」の中の「フィト（植物）トープ」と「ズー（動物）トープ」を対象に，生物的学な空間的不連続性で区切った景観単位を指すのである。これが，ドイツやスイスにおいて，技術専門用語としても1970年代ごろから庭園や河川の自然管理の際に使われるようになった（養父［2006］）。ドイ

表6-1 ビオトープの類型

類　型	具体的例	実施主体
復元型ビオトープ	公園的ビオトープ，企業地内ビオトープ，屋上ビオトープ，学校ビオトープ，その他	主に省庁や学校，企業
保全型ビオトープ	森林ビオトープ，湖沼ビオトープ，里山ビオトープ，水田ビオトープ，河川ビオトープ，湿地ビオトープ，干潟・汽水域ビオトープ	主に地域や自治体，環境 NGO や NPO

ツでは自然生態系に関する法律を作り，政策としてビオトープによる自然の再生を義務付けている（渡辺［2010］）。

　ビオトープの類型としては，表6-1のように大きくわけて復元型ビオトープや保全型ビオトープとしてまとめられる。この中にさまざまなビオトープ例があり，実施主体は学校や企業，地域などであるが，広大な面積を占める里山・ビオトープは農村地域である。ビオトープは地域において，緑の効用を活かした森林生態系保全を通じてさまざまな形態で生態系や生物生息のための環境形成，復元，ミティゲーション（代償措置）などが試みられている（山田［2001］，近自然研究会［2004］，坂井［2007］pp.71-75）。この場合，省庁や学校，あるいは環境 NGO や NPO が中心となってビオトープ活動をし，また，アイシンセイキ（株）やホンダ（株）埼玉工場等のような企業が積極的に工場敷地内にビオトープを造成し，ミティゲーションで環境保全を進めながら環境学習や環境教育の場として活用しているケースなどがある。

　図6-1に日本の里山・里地・里海に繋がるさまざまなビオトープの類型の概要をまとめて示した。この図から日本のビオトープは，自然界や都市部において水の流れと生態系の形成が密接な関係を有することがわかる。日本の先人たちが日本列島において里山を保全し，里地，里海から豊かな恵みを継承・享受してきたが，経済効率偏重で自然との共生が困難となった。その後，生物生息域を考慮したビオトープの重要性が見直されつつある。そして，日本では，1950年代～60年代に公害列島化し，80年代～90年代にごみ列島化した歴史的な経緯があ

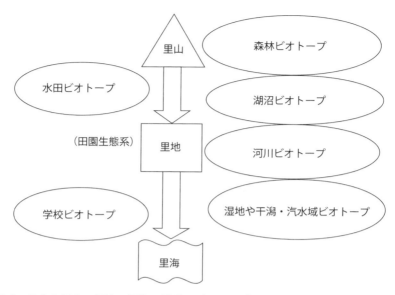

図 6-1　日本の里山・里地・里海に繋がるビオトープの概要

る。2000年代以降は，環境破壊や汚染を教訓として，環境共生しながら国づくりを行う田園列島（ガーデン・アイランド）構想として継承されるべきであり，環境保全がしやすい基盤ができつつある（環境省［2009］p.358，坂井［2008］pp.133-145，重松［2010］）。特に，クリーナープロダクション（CP）技術・システムに基づく地域の自然景観や生態系保全活動を発展させることにより，持続可能な社会の構築を行うことができると考えられる（坂井［2008］）。私たちが環境教育や環境学習を通じて，これらを継承し，広域連携して地域に根差した生物多様性や自然共生に基づく持続可能な社会を構築することが必要である。このように，地域環境において自然環境の保全や再生・創生に配慮した農業や工業生産活動を循環型にし，環境教育を推進しながら持続的な収入を得られる持続可能な地域社会を形成していくことができる。特に，里山・水田ビオトープによる生物多様性や生態系保全活動が，絶滅種や絶滅危惧種などの再生・保全から生物種の多様性などで重要な役割を持つようになっている。

2.2 里山・ビオトープによる生態系保全

　日本全国で，里山・ビオトープによる生態系保全や生物多様性の見直し戦略が進められている。そして，持続可能な社会の基盤としての自然生態系の保全は，豊かさの源泉であり，自然共生社会に向けた取り組みとして始まったばかりである。その中で，企業活動では企業の社会的貢献（CSR）で工場内にビオトープを作り，ミティゲーション（代償措置）として希少生物を生息する場所を確保し，環境教育の場として活用しているケースがある。また，自治体では，自然環境の保全活動と地域活性化の一環として進められている場合が多い。特に注目される生態系保全活動の中でも，コウノトリやトキの野生復帰活動がある。生物多様性の観点から，食物連鎖の上位にあり，日本を象徴するコウノトリやトキの野生復帰は自然生態系保全の重要な成功事例になる可能性を秘めている。

事例1　兵庫県豊岡市のコウノトリとビオトープを活用した自然生態系の再生

　豊岡市では，特別天然記念物であるコウノトリの生息地域を保全する活動と地域の活性化や観光を促進するコウノトリツーリズムが実施されている（豊岡市 [2016] pp.16-17）。コウノトリの野生復帰活動への貢献や豊岡のまちづくりを体験することが提案，実施されている。また，2012年6月に円山川流域，ハチゴロウの戸島湿地や田結湿地などがラムサール条約の登録湿地として登録された。円山川下流域や河口域に隣接する汽水域，湿地や水田，里山・ビオトープでは，多くの水鳥や渡り鳥の餌場や良好な生息・生育環境になっている。また，周囲は山々の豊かな森林に囲まれ，多くのトビやニホンジカも生息し，豊かな生態系が形成されている。

　① 　ハチゴロウの戸島湿地

　　2009年から環境 NGO を中心に耕作放棄された水田をビオトープとして活用している（コウノトリ湿地ネット，パンフレットより）。毎年，人工巣塔にコウノトリが巣づくりをして，子育て巣立ちをしている。2017年3月8日に産卵の準備を確認した（図6-2：写真1，2）。戸島湿地には，エコハウスが建てられ，観

第6章　持続可能な社会を構築するための実践的な環境教育の方法論　　117

察・管理施設として地域の小中学生や全国からの見学者のための環境教育・環境学習の拠点となっている。

写真1　ハチゴロウの戸島湿地 　　　　写真2　人工巣塔のコウノトリ

図6-2　兵庫県豊岡市の戸島湿地のコウノトリ（2017年3月8日筆者撮影）

② 田結湿地

　田結地区の地域住民がさまざまな個人や団体と連携して広大な里山，水田や湿地の保全活動を行っている（コウノトリ湿地ネット［2014］）。そして，飛来するコウノトリなどの餌場として，自然環境や生態系を保全・整備し，広い田結湿地に水田ビオトープが再生・保全されている（図6-3：写真3, 4）。

　これらの湿地周辺では，コウノトリを野生に復帰させる取り組みの中で生物の調査研究が進められている（水野［2013］，本田［2015］，宮西ら［2016］）。特に，

写真3　田結湿地の景観　　　　　　　写真4　コウノトリ観察小屋

図6-3　田結湿地の景観（2017年3月9日筆者撮影）

　　写真5　コウノトリの郷の人工巣塔　　　　写真6　野生復帰したコウノトリ

図6-4　コウノトリの郷公園付近の景観とコウノトリ（2017年3月10日筆者撮影）

　2015年の厳冬期に豊岡市祥雲寺地区の水田ビオトープにおける生物調査では，ビオトープが湛水であるため，多くの水生動物群集の越冬状況が観察され，ビオトープが重要な役割を果たしていることを示唆している（田和ら［2016］）。この地域は，コウノトリの郷公園からほど近い水田地帯が広がり，2001年から水田ビオトープとして，野生のコウノトリの重要な餌場になってきた。（図6-4：写真5，6）

　豊岡市ではコウノトリの繁殖が順調に進み，2017年3月で95羽が飼育されている。2005年に一回目のコウノトリの野生への放鳥が行われ，これまでに88羽が全国に飛来している。コウノトリは野生復帰が進み，北は北海道の岩見沢市から四国の徳島県鳴門市，南は沖縄まで飛来が確認されている。

　コウノトリの郷公園や三江小学校の近隣の水田に人工巣塔が設置され，コウノトリが巣作りをしている。コウノトリの郷公園では，2016年末に環境省の野鳥による鳥インフルエンザの警戒報告から公園内のコウノトリを隔離していたが，3月10日に73日ぶりに8羽を公園内で放鳥して公開した（図6-5：写真7，8）。コウノトリの郷公園周辺には広大な水田が広がっている。ここでは，生態系を保全するために合鴨農法や無農薬または，減農薬栽培のコメを栽培している。コウノトリは肉食で，ドジョウやカエル，ヘビ，昆虫類などを食べているためである。地域では環境共生のために，コウノトリ育む農法でブランド作物を栽培・販売している。

写真7　コウノトリの郷公園水田ビオトープ　　写真8　園内の放鳥コウノトリ
図6-5　コウノトリの郷公園水田ビオトープの景観と飼育コウノトリ
　　　（2017年3月10日筆者撮影）

　豊岡市では「コウノトリがすべての中学校区にすんでいます」を環境目標の一つに掲げて取組み，コウノトリが生息できる環境整備を進めて成果を上げている。小学校区ごとに一定規模のビオトープ水田の設置が進められ，生きもの調査など環境学習や教育に生かされている（豊岡市［2016］pp.16-17）。また，千葉県野田市は「人もコウノトリも暮らしやすい自然と共生する持続可能な地域づくり」を目的に，野生復帰を通じた地域孫公・活性化と環境教育・学習の推進，ひいては広域的な水辺環境のエコロジカル・ネットワークの形成に寄与するコウノトリ試験放鳥の実施や環境影響の検証などに取り組んでいる自治体でもある（野田市［2015］）。コウノトリの渡り鳥が全国に展開し定着するのは，自然共生社会を構築することを目標とする日本を代表する自然生態系の最良の環境保全モデルケースとなるものと期待される。

事例2　新潟県佐渡市のビオトープを活用したトキの再生
　佐渡島には，環境省のトキ保護センターとしてトキ野生復帰ステーションがあり，巨大なケージの中でトキの繁殖，飼育，保護が進められている。そして，佐渡市の環境基本計画には，豊かな自然と共生する島づくりが目標の一つに掲げられている。その中で，トキの野生復帰の実現に取組み，特に，トキの餌場面積

を2014年度までに1,147.9haと飛躍的に拡大し、トキの野生生息数を増やすのに貢献している（佐渡市［2016］pp.58-60）。また、新潟県佐渡市は、2011年に国連食糧農業機関（FAO）の「世界農業遺産」に能登半島とともに認定された。世界農業遺産は伝統農業や文化の保全を目的に2002年に始まった制度で、先進国から選定されたのは初めてであった。佐渡市は国の特別天然記念物トキを中心に、ドジョウやカエルなどの多様な生物が住む水田などが評価された。佐渡市では、2013年からトキの野生復帰事業を実施している。人とトキが共に生きる島づくりを目指し、ドジョウ養殖や田んぼの復元、豊かな森づくりを推進している。ここでは、トキの繁殖・放鳥だけでなく、生態系保全と外来種対策、地球温暖化対策なども含めて活動している。特に、トキビオトープづくりや農地・水・環境にやさしい田んぼ、棚田、森林や里山の手入れ等を行っている（図6-6：写真9）。

写真9　新穂地区の水田ビオトープと里山の風景

図6-6　佐渡市新穂地区の里山・ビオトープの景観（2017年3月22日，23日筆者撮影）

　図6-7の写真10は、トキの森公園で飼育されている繁殖期のメスのトキである。また、写真11は、新穂地区の野生のトキのつがいで、飛び立った時の羽は美しい朱鷺色である。環境省が行っているトキの野生復帰事業では、2008年9月〜2016年6月までに14回で233羽（オス119羽，メス114羽）が放鳥された（佐渡トキ保護センター野生復帰ステーション平成28年6月発行パンフレット）。2017年2月までに、約200羽のトキが佐渡島内の南側の里山・ビオトープエリアに集中して生息していることが確認されている（環境省佐渡自然保護官事務所，トキ情報2017年3月）。佐渡のトキ保護センター等には172羽、野生のトキは204羽の合計376羽

第6章　持続可能な社会を構築するための実践的な環境教育の方法論　　121

が生息している。トキの野生復帰には，生存率が高くなっていないため十分な餌場の確保が大きな課題となっている。

写真10　トキの森公園内のトキ　　　　写真11　新穂地区の野生のトキ
　（2017年3月22日筆者撮影）　　　　　　（2017年3月23日筆者撮影）

図6-7　トキの森公園の飼育トキと新穂地区の野生のトキ

　佐渡市ビオトープ整備事業では，2007年からトキの野生復帰に向け，ビオトープ整備に特化した餌場の整備拡大を目的に実施されている。農林水産省の環境保全型農業直接支援事業により，冬季湛水にも取り組んでいる（佐渡市［2015］）。ビオトープ面積は，2015年度に19か所で267,687㎡あり，観察羽数は延べ2,847羽（2009年度10羽）と年々増加してきた。餌となる生物の生息数の地域差が少なく，多種多様な生物が確認され，餌場としての効果を確認している。トキの事業対象エリアを越える活動が観察され，2016年度からエリアを佐渡島内全域に拡大し，トキの餌場確保に努めている。さらに里山・里地の自然再生でビオトープの植生調査研究では，耕作放棄地が約40年経過後に徐々に希少植物が再生する可能性を示唆している（新潟大学朱鷺・自然再生学研究センター［2014］pp.12-13）。今後，佐渡市が推奨する「生物を育む農法」と連携したトキの餌場確保を行うとしている。課題として，トキの生息域の拡大のためには，広域的な生態系保全活動のネットワーク化やエコロジカル・コリドー（生態学的回廊）の形成が重要である。また，事業団体メンバーの高齢化が進んでいるため，継続的な担い手育成が急務となっている。

　表6-2にコウノトリとトキの復活プロジェクトの比較を示した。コウノトリは2005年に野生復帰が始まってから，野生のコウノトリの個体数はまだ121羽と少

表6-2　コウノトリとトキの復活プロジェクトの比較

	コウノトリ	ト　キ
学　　名	*Ciconia boyciana* キコニア・ボイシアナ	*Nipponia Nippon* ニッポニア・ニッポン
絶滅時期	1971年	2003年
復活プロジェクト開始	2003年	2007年
野生復帰	2005年	2008年
野生生息の確認状況 2017年8月現在	47都道府県（飛来確認） 121羽	佐渡市（本州1羽） 281羽

出所：豊岡市コウノトリの郷資料2017年8月12日，環境省佐渡環境事務所「トキかわら版」平成29
　　　年9月1日第60号等より引用，作成

ないが日本全国に渡りが確認されている。また，コウノトリ2羽が韓国まで渡っていることが確認されている。トキは2008年に野生復帰が始まり，野生のトキ281羽は佐渡島に殆どがとどまっている状況である。どちらも野生に復帰するには日本全体が田園列島として，生態系保全活動が進められる必要がある。その中で，豊岡市と佐渡市は環境省とも連携しながら，それぞれコウノトリやトキの野生復帰プロジェクトの取り組みを精力的に推進している。そして，自然共生社会を目標に地域のさまざまなステークホルダー（利害関係者）が協調・協働して継続的にこの活動に取り組んでいる。このように，絶滅した生物種の復活と生育環境の保全活動などで地域の生態系保全が進んでいる。地域の生態系を保全するために同時に，減農薬や無農薬で環境保全型農業を推進し，有機栽培のブランド米を生産・販売して地域活性化にも貢献している。

　日本の象徴的なコウノトリとトキの野生復帰プロジェクトの取り組みから，表6-3に自然共生社会の実践的な考え方をまとめて示した。この中で，生態系保全活動と環境保全型農業を広域的に推進するとともに，市民協働や環境教育の普及を継続的に，かつ世代を超えて実施していく必要がある。

　すなわち，地域の貴重な生物を通じて小学生から社会人までの環境教育が行われ，環境人材育成がなされていく。このように地域の環境モデルが作られて全

表 6-3　里山・ビオトープに基づく自然共生型社会のモデル

項　目	実践内容
生態系保全活動	①生物種の多様性と環境保全 ②絶滅危惧種や絶滅種の再生と生態系保全
環境保全型産業活動	③環境保全型産業の育成，有機農業の推進
環境教育活動	④地域産業の育成と環境学習・環境教育 ⑤市民協働や環境交流の場づくり

国展開されることで，自然共生社会や持続可能な社会の構築が期待される。

3.　実践的な環境教育としての里山・ビオトープ研究活動

3.1　福岡工業大学のビオトープ研究会活動の概要

　福岡工業大学のビオトープ研究会は，2005年10月から地域の自然環境の再生・創生を目的に，長期的な視点でのビオトープ活動を行っている。大学構内の直径約10メートルの池は，雨水のみで自然に近い水環境を形成している。周囲は里山でその延長線上での生態系の自然な形成を促す環境作りに取り組んでいる。特に，"飼育"ではなく，自然の生き物が自立して暮らす環境づくりを目指している。また，地域の自然の生き物が訪れるのを，待つ姿勢で活動している。この結果，ビオトープは年々，生物種の遷移と共に豊かな生態系が育まれていることが調査で明らかになりつつある。さらに，生態環境の繋がりを広げるため，地域住民とのビオトープ交流や福岡県内外のビオトープ活動グループとのネットワークづくりを進めている。その内容は，「坂井宏光研究室」のホームページや学生達のWebで逐次，情報発信している。他大学などのビオトープ活動グループとのWebネット交流，ビオトープ活動への参加・交流も行っている。このように，各地域の自然環境を活かしたビオトープ活動に発展させ，より良い生態系の形成に寄与できるように努力していきたいと考える。

　特に，本学社会環境学部の目標である持続可能な社会に貢献する人材育成のために，里山・ビオトープ活動を通じた実践的な環境教育として，五感を使った

自然観察や伝統文化の継承・伝達などを行っている。本学の里山・ビオトープは実践的な環境教育の観点から可能な限り，地域の自然状態を維持した管理を行っている。そのため，里山・ビオトープの管理を必要最小限に抑えて環境保全を推進している。また，外来生物の持ち込みや侵入が起きないように学習や啓発を行っている。

　ビオトープ設置の経緯は，2005年に大学の裏山の造成に絡み，一部の空き地利用が学内で議論された。そして，学生たちの意見として，ビオトープ池の設置を決め，地域環境の保全などの学習・研究施設としての機能を検討してきた。2006年2月に，構内の里山の麓に直径約10mのビオトープ池をつくり，可能な限り自然環境を維持しながら学生主体で管理している（坂井・阿山［2011］）。池は掘った穴にビニールシートを敷き水の浸透を防ぎ，その上に近隣の休耕田の土を被せ，池の周りと池内に所々に石を置いた。池の周りは平地より高く盛り土をしている。河川の流入や循環装置もなく，一定水位を超えることのないように排水パイプのみが設置されている。したがって，池の水は雨水のみであるが，今までに枯れたことがない（図6-8：写真12, 13, 14）。

　以来，学生主体で里山・ビオトープの維持管理を進め，教職員が協力する形で，ビオトープ研究会が活動を進めてきた。ビオトープ研究会の活動目標は，長期的な視点で可能な限り，地域の自然の再生・創生を目指すこととしている。そ

（左）写真12　ビオトープの造成（2006年2月，完成）
（中）写真13　2006年7月（夏）のビオトープの景観
（右）写真14　ビオトープの全景（2017年7月）

図6-8　福工大里山・ビオトープの造成と景観変化（2006年2月〜2017年7月）

第6章　持続可能な社会を構築するための実践的な環境教育の方法論

の結果，生息生物種の確認体制は十分ではないが，動植物の種類は2016年度までに植物134種，昆虫類213種，鳥類24種，他にタヌキやテン等7種で合計378種が確認されている。里山・ビオトープ周辺の動植物の種類が年々，増えていることが確認できることから10数年で自然環境の再生がかなり進んでいると考えられる。

　毎年，春夏秋冬の4回の自然観察会を開催し，地域住民との交流も進めてきた（図6-9：写真15～19）。2006年から11年間で自然観察会を43回開催し，延べ参加者数は約1,382人になった。参加者は1歳から70歳代までであり，さまざまな世代が学生達と交流しながら自然観察することは実践的な環境教育として効果が大きい。特に，親子での参加は貴重な自然体験学習になると期待される。自然観察会のテーマは，季節毎に設定され，4月，春の自然観察会「春の恵み，野草を

写真15　自然観察風景

写真16　生き物調査

写真17　虫の捕獲と観察

写真18　草木染と染色布干し風景

写真19　かご編み体験

図6-9　福工大里山・ビオトープ活動

一緒に味わいましょう！」，7月，夏の自然観察会「虫たちと戯れましょう」，10月，秋の自然観察会「草木染を楽しみましょう」，12月，「蔦を採取してかご編み体験をしよう」で日本の四季と里山・ビオトープの自然の恵みを活用し，五感で伝統文化などを伝える環境体験学習を実施している（坂井宏光研究室 HP 参照）。

　本学のビオトープ研究活動は地域貢献の一環として，地域連携によるビオトープ活動の拡大を進めている。科学技術振興機構のサイエンス・パートナーシップ事業で2011年度に福岡県立嘉穂総合高校と2012年度には県立水産高校と高大連携ビオトープ学習交流による環境教育や体験学習を行ってきた。

　研究会の活動目的は①キャンパス内に生物生息空間を作り，周辺地域の自然を観察・調査すること，②地域生活と密着した里山・ビオトープの動植物にふれ，理解を深めることで，自然と人・生活の関わりを身近な視点から考察すること，である。ビオトープ研究会の取組みは，里山・ビオトープ勉強会や，その他，市民参加で行っている里山保全活動などと広範囲にわたる。

　また，ビオトープ研究会は定期的に毎週水曜日に開催し，自然観察やビオトープ学習しながら，その維持管理を行っている。2006（平成18）年度から主にゼミ活動の中で学校ビオトープ活動を環境学習として導入してきた。2007年度からは，ゼミ活動に加え環境基礎演習科目に「ビオトープ活動」や環境ボランティア活動などを含め単位として認定している。その中で，毎年，8回のビオトープ学習会と春夏秋冬の4回の自然観察会を開催し，学生と地域住民との交流も進めてきた。本学のビオトープ活動の中で，専門家の指導を受け，地域住民との交流を目的に定期的に自然観察会を開催してきた。その経験やノウハウを蓄積して，引き継ぎ，情報公開してきた。これまでに四季を通じて，44回の自然観察会を開催し，2歳から70歳代までの地域住民や学生が延べ1,421名の参加があった。このビオトープ活動は，地域の自然の再生や創生を行うために長期的視点で実施している。さらに，この活動を活かして，ビオトープ管理士を養成する講習会開催など人材育成プログラムを検討・実施している。

3.2 里山・ビオトープ周辺の自然環境の推移と観察結果

　福岡工業大学の周辺地域は大都市博多の副都心化が進み，宅地造成が増えて，急激に森林や水辺環境が減っている。そのため，自然環境の喪失と共に生態系が破壊され，気候が変わりやすくなるヒートアイランド現象が起きている可能性がある。それと同時に，生物多様性が失われている。大学構内に隣接する里山も南側斜面の民有地は，2015年に大半が大きく削られ宅地開発が進められた。そのため，本学の里山・ビオトープは，地域においてさまざまな生物のエコトーン（移行帯）として貴重な自然環境となっている。

　福岡工業大学構内の過去の景観については，すでに小川・井元により古くから田畑の広がる山間地域の里山であったことが研究報告されている（小川・井元［2011］）。造成されたビオトープ池の簡易水質計測データは，2010年〜2016年でpH6.0 〜 8.2，COD約30 mg/l，電気伝導度128 〜 180μS/cm である。平水時の夏と秋の簡易水質測定値から，水質は比較的適正な値を示していることが分かった。ビオトープの水質は，雨水のみの供給源で比較的安定で良好な状態が維持されている。

　自然観察では，主に植物や昆虫，鳥類である。特に，さまざまな鳥類がビオトープ池と里山周辺で観察できるようになった。池の中にはヒメガマが全面に茂り始めた。周縁部には水草が繁殖している。ビオトープ池周辺の植物の自然遷移が観察されている。その例として，ヤハズソウが池周辺から周囲に移動し，セイタカアワダチソウが当初目立っていたが，急激に少なくなっている。2016年12月現在，ススキが優先種として多くみられ，今後，灌木が茂り始めると推測される。里山からの豊富な生態系が造成された池周辺に徐々に，もたらされたと考えられる。2009年までに確認された鳥類は14種であったが，2010年に19種まで増えた。また，里山のアカマツ，イヌビワ，ヤマハゼ，アカメガシワなどの植物がビオトープ周辺に繁殖している。特に，クロスジギンヤンマが毎年，多数羽化し，2012年からチョウトンボが確認され，翌年から数十頭が舞うようになった。同時に，18種のトンボ類を観察できるようになった。生息生物種の確認体制は十分ではないが，動植物の種類は2016年までに植物134種，昆虫類213種，鳥類24種，

他にタヌキやテン等7種で合計378種が確認されている。里山・ビオトープ周辺の動植物の種類が年々，増えていることが確認できることから10数年で自然環境の再生がかなり進んでいると考えられる。

次のステップとして，2010年からビオトープの輪を広げることを目標として，学生達が県内の約700の小学校のホームページや情報収集を通じて，ビオトープ活動状況を調査した。さらに，県内のビオトープに関連するNGO・NPO団体も調べ，ビオトープ活動・交流会を企画・実施してきた。学内外の環境イベント，例えば，近隣小学校でのビオトープ活動や自治体が設置した水田ビオトープなどでもビオトープ活動・交流も進めて，さまざまなタイプのビオトープ活動で体験学習し，本学の活動にも活かしてきた。また，これまでの本学のビオトープ活動は，北部ビオトープ管理士会や野鳥の会などのいろいろな団体や専門家の支援のもとで進化・発展を遂げてきたといっても過言ではない。

3.3　学校ビオトープ・ネットワーク交流活動と実践的な環境教育

環境問題が深刻化する中で，教育現場においても環境教育が盛んに行われるようになっている。この環境教育を実践する一方法として，「学校ビオトープ」の利用がある。2001年から2004年に小学校でビオトープの設置が盛んに行われている。また，2010年の生物多様性条約COP10の名古屋開催に前後して，里山やビオトープが見直されている。

その中で福岡市内の小学校でのビオトープ活動調査を行っている事例があるが，その維持管理は学校だけでなく地域で守り育てることの大切さが示されている（水口・安藤［2007]）。また，その活動実態が曖昧な部分がある。そこで，本学のビオトープ研究会が中心となり，福岡県内の小学校約700校と環境NGOやNPO法人などでビオトープ関連活動状況を調査して，ビオトープ関連団体との交流会を企画した。2010年10月に本学で7団体によるビオトープ・ネットワーク交流会を開催し，有意義なそれぞれの活動報告と意見交換，自然観察会交流などを行った（福工大ビオトープ・ネット交流会資料（2010年10月）より）。その後も，宇美小学校や北部九州ビオトープ管理士会などとのビオトープ活動交流を継続的

写真20　福工大里山・ビオトープ冬と夏の自然観察　　写真21　長崎大学のビオトープ

図6-10　大学間連携のビオトープ交流活動

に行っている。そして，学校教育においても児童・生徒への環境教育の一環で取り上げられるなど，環境教育の調査研究やその実践の場としても利用されている。大学構内にビオトープを造成する例も多く見られ，感性を育成する環境教育や地域環境の創生に活用されている。

　一方で，福岡工業大学ビオトープ研究会は大学間連携の取組みを行っている。福岡工大と長崎大学は2012年度から継続的に，ビオトープ研究交流を行ってきた。図6-10に福工大と長崎大学とのビオトープ交流活動の一例を示した（写真20，21）。写真20の左は，2013年3月2日（冬）に初めて福工大里山・ビオトープの自然観察・交流会を開催した時の様子である。写真21は，2013年8月9日（夏）の長崎大学の中庭ビオトープの景観である。写真20の右は，2014年7月（夏）福工大里山・ビオトープの景観と交流活動の様子である。以後，毎年，相互に大学連携ビトオープ研究と交流活動を行っている。

　大学間連携によるビオトープ研究活動は，相互の発展と人材育成を目的に交流を進めている。表6-4に福岡工業大学と長崎大学のビオトープ概要を比較して示した。福岡工業大学ビオトープ研究会と長崎大学ビオトープサークル・パレットの学生が主体となり，2012年度末から2016年までに定期的に毎年実施し，両大学の研究交流や人材育成などを図っている。2016年8月9日に第5回大学間連携ビオトープ研究交流会を実施し，長崎大学から9人，福工大から20人が参加した。ビオトープ活動情報をホームページなどで発信し，ビオトープ・ネット情報交流も行っている。地域の多様な自然環境の中での活動は，学生の気づきや発

表6-4　大学間連携ビオトープ活動の比較

	福岡工業大学のビオトープ	長崎大学のビオトープ
ビオトープの分類	里山ビオトープ（復元・再生型）2006年造成	中庭造園ビオトープ（復元型）2001年造成
特　徴	里山・雨水池の保全活動	大学内の中庭に設置，地下水をくみ上げた流水と池
活動状況	自然に近い状態での維持管理，自然観察会の場	人工的な造園で植生や水の流れを維持，学生達の憩いの場
活動課題	自然観察エリアが限定的	流水の供給体制に問題
管理主体	2005年にビオトープ研究会が発足し，学生主体で活動	2001年にビオトープサークル・パレットが発足し，学生主体で活動・管理
生物生息状況	植物の遷移があり，年々，生物種が増加	植生が限定的で，管理され，一定の生物が生息

見，感動から「感性」が育まれるという環境学習体験や実践的な環境教育の効果が見られた。大学環境連携での学生たちのビオトープ研究や交流活動から，多様な生態系を再生・創生する取組みでいろいろな気づきや発見などがあった。広域環境連携として，大学間の継続的なビオトープ交流活動は，実践的な環境教育の良い事例となっていくものと考えられる。

　2017年度は9月8日に6回目の交流会を長崎大学で実施した。長崎大学から14人，福工大から11人が参加し，ビオトープ活動の現状と課題や今後の取組みについて活発な報告・討論会を行った。このように，大学相互のビオトープ活動報告・交流会などを通じて，環境保全や生物多様性などで地域住民や学生達を巻き込み，大学連携でビオトープ研究を発展させ，さらなる新たな進化を遂げることが可能であると考えられる。ビオトープ活動や研究の輪を広げていくことで，学生達は環境教育の視点から，少しでも持続可能な社会の構築に貢献できることを謙虚に学び，積極的に実践している。

4. 環境教育に基づく自然共生社会の構築

4.1 地域環境連携とビオトープ活動

　2015年度に大学に隣接する福岡県新宮町との地域環境連携で，新宮町60周年記念事業の一環として人丸公園ビオトープ整備検討委員会に参画し，地域住民とビオトープのデザイン，設計，維持計画等を討議し，基本構想を行った。2016年3月に造成が終わり，4月には完成を記念した自然観察会を企画し，参加・交流を行った。その後，新宮町の町民と福岡工業大学の学生が定期的に自然観察会を開催し，生きもの調査を実施している（図6-11：写真22 ～ 25）。ここでは，耕作放棄された水田をビオトープとして造成し，湿地も併設している。特に，希少種のカスミサンショウウオ（約2cmの幼生）やニホンアカガエルの産卵と成長（約3cmの成体）（図6-11：写真26），が毎年，1月から5月頃に確認され，生育状況を観察している。本学から約1.5kmの場所にあることから，周辺の水路とともに，エコ

写真22　人丸公園ビオトープ全景　　写真23　生物調査　　写真24　子供達と生き物観察

写真25　ビオトープ掲示板　　写真26　カスミサンショウウオの幼生とニホンアカガエル

図6-11　人丸公園ビオトープの景観と生き物調査　（2017年5月10日撮影）

ロジカル・コリドー（生態学的回廊）を形成していくものと考えらえる。実際に，本学のビオトープには流水系に生息するオニヤンマが，時々飛来することが確認されている。

さらに，2017年4月18日に福岡県のボランティア団体「ゆうすわじろはしを守る会」と地域連携で活動を進めていくこととなり，ホタル学習会などを開催し，交流している。

4.2　日本の自然共生社会への取組み

日本では2010年に愛知県名古屋市で生物多様性条約第10回締約国会議COP10が開催され，これを契機に，自然共生社会の構築を含めた持続可能性を模索し始めた。日本独自の里山・ビオトープ活動によりものを無駄にしない，自然との共生観を社会や産業活動の中で活かしていくのが日本の実践的な環境教育として重要である。すなわち，地域環境問題や地球環境問題に対応するためには，より実践的な環境教育が必要である。また，国内外では持続可能な社会を構築するために循環型社会や自然共生社会を目標とした政策を打ち出し，環境のみならず，平和や人権，世界遺産を含めたツーリズム教育なども含めた持続可能な開発のための教育（ESD）を推進している。

一方で，ドイツの自然環境保全連邦法の下に，生物多様性の保全のために早くからビオトープ活動が活発に行われている。その中で近年，ドイツやフランスでは，生物多様性や生物から学ぶバイオミメティックス（生物模倣）に基づく市民社会づくりに力を入れ始めている（亀井［2017］）。生物のもつさまざまな環境適応能力や機能は，古くから工学的に製品や技術・システムに応用が成されてきた。従来の生物や未知の深海生物，土壌細菌の研究から新たな機能の発見がもたらされ，さらに省エネ・省資源などが生み出される可能性がある。これは，自然環境を保全しながら生物の機能を活用した省エネ社会づくりや将来的に有望な産業育成が基本にある。また，世界の共有文化遺産や自然環境は，地球上の生物多様性と歴史文化の多様性が安定な文明社会の構築に欠かせない要件になるものである。

北九州や水俣市などでは，過去の公害や環境破壊の歴史的教訓から環境都市

として生物多様性を維持・保全するために里山・ビオトープによる自然の再生や環境創生にも取り組んでいる。特に，トキと共生する新潟県佐渡の里山・ビオトープは明確に，生物多様性の地域づくりに基礎をおいているため日本の自然共生社会の取組みにおいて優れたモデルである（岡山ら［2016］）。また，認証米制度を見直し，「無農薬」を厳格にして生態系を保全しながら，ブランド米の品質向上で売り上げが伸びていることから，佐渡の農業モデルは日本の農業の産業発展にも貢献できると考えられる。さらに，豊岡市のコウノトリツーリズムや佐渡市のトキ野生復帰事業ではエコツーリズムを盛んにしている。

このように，それぞれの地域や国の生物多様性のための取組みを連携させるため，情報発信，情報共有を図ることがますます必要である。地域や国における環境政策を進めるにあたり，地域連携のための環境人材育成がその要になる。そして，自然共生社会を目指した広域的な環境連携は，生物多様性や地球環境保全，地域の活性化などに大きな効果が期待される。

5. 持続可能な社会を構築するための環境教育の実践的な方法論と展望

持続可能な社会は，廃棄物のない資源循環型社会，温室効果ガス等の排出を抑制する低炭素社会，そして生物多様性を有し自然生態系サービスを享受できる自然共生社会などから達成されるものである。そして，持続可能な社会を実現するための方法論としては，次の三つの取り組みが重要である。①環境活動，経済活動，社会活動のバランスを保つことである。まず，日本の経済活動優先が甚大な公害問題をもたらした歴史的経験を国内外で共有する。その中で，環境保全を進めながら，失われた自然環境の再生・創生などの環境活動に地域と連携した社会活動を通じて地域の活性化を促す仕組みで継続的にバランスよく取り組んでいく。里山・ビオトープ活動は，生物多様性と環境保全や地域活性化などで，まさに適合した良い実践モデルになる。②無公害かつ省エネ・省資源（CP）技術システムの開発と移転を推進する。東アジア地域の越境大気汚染や亜海洋汚染，生態系保全等に対応した環境保全技術システムを移転する。③ESDを含めた実践

表 6-5　日本列島の自然・田園生態系を形成する主要な生物多様性を実現する地域

国際的な取り組み	国内登録数	登録地名など（登録年）
ラムサール条約	50か所	釧路湿原（1980），東よか干潟（2015），名蔵アンパル（2005）など148,002ha に及ぶ面積
世界自然遺産	4か所	白神山地，屋久島（1993），知床（2005），小笠原諸島（2011）
世界農業遺産	8か所	新潟県佐渡市，石川県能登地域（2011）静岡県掛川周辺地域，熊本県阿蘇地域，大分県国東半島宇佐地域（2013）岐阜県長良川上中流域，和歌山県みなべ・田辺地域，宮崎県高千穂郷・椎葉山地域（2015）

出所：環境省 HP「ラムサール条約と条約湿地」，「日本の世界自然遺産」，農林水産省 HP より引用・作成

的な環境教育の普及と環境人材育成の推進が重要な要になる。

　日本列島の自然・田園生態系の礎は，表6-5に示すようにラムサール登録湿地や世界自然遺産，自然と伝統文化を調和した世界農業遺産群などである。

　特に，世界農業遺産は，社会や環境に適応しながら何世代にもわたり形づくられてきた伝統的な農林水産業と，それに関わって育まれた文化，ランドスケープ，生物多様性などが一体となった世界的に重要な農林水産業システムを国連食糧農業機関（FAO）が認定する仕組みである。世界では16か国37地域，日本では8地域が認定されている。世界農業遺産は，正式名称は，"Globally Important Agricultural Heritage Systems" である。FAOによる正式な定義は，「コミュニティの環境及び持続可能な開発に対するニーズと志向とコミュニティの共適応により発展してきた世界的に重要な生物多様性に富む優れた土地利用及びランドスケープ」である（農林水産省［2017]）。このような日本列島の各地域は，まさに生物多様性や伝統文化と自然環境の調和が保たれていることが国内外で評価されている。これらの地域を核として，自然環境保全のためのネットワークを構築すると，自然豊かな田園列島を形成できるだろう。今日の環境問題を緩和し，対応する最良の取組みは，生物多様性を保全することであり，そのための実践的な環境教育の推進が求められている。

日本を象徴するコウノトリとトキの野生復帰の取組みは，自然共生社会の実践的，かつ試行段階のモデル事業である。しかし，コウノトリやトキの生息可能な餌場や繁殖に必要な生態系はまだ限定的である。また，現在行われている野生復帰事業に係る人材の高齢化や後継者が不足することが懸念されている。そのため，自然共生社会の基盤である鳥類が生息できるための生態系が形成されるためには，市民協働や環境教育の普及を継続的に，かつ世代を超えて地域の自然環境再生を実施していく必要がある。具体的には，地域の貴重な生物等の保護活動を通じて小学生から社会人までの環境学習や環境教育が行われ，環境人材育成をしていくことが大きな課題である。

　福岡工業大学ビオトープ研究会の取組みは，大学や地域環境連携による里山・ビオトープ勉強会や，その他，市民参加で行っている里山や里地の環境保全や和白干潟の生物調査活動などと広範囲にわたる。今後，生物多様性の保全等を進めていくには，大学等の教育機関だけでなく，地域住民や行政，NPO，事業者の方々との連携・共働（パートナーシップ）やネットワークづくりが必要不可欠である。また，生物の多様性を保全するうえで絶滅種の野生復帰は，地域や国際的な生態系の効果的環境連携が図られなければならない。さらに，里山・ビオトープ活動を通じた実践的で広域的な環境教育活動は，持続可能な社会を構築するための礎を形成し，パワフルな環境人材育成を推進することである。

　今後，東アジア地域独自の世界遺産などを含めたエコツーリズムやグリーンツーリズムなどによる地域の伝統文化の育成や交流・連携が必要である。その中で，自然環境保全，稲作文化の継承・発展で地域の活性化を図ることがクリーナープロダクション（CP）の新たな展開としての重要な取組み課題である。自然生態系保全には，CP概念である省エネ・省資源かつ無公害な生産活動が必要であり，農業分野では無農薬・無学肥料による有機農業が生態系保全に繋がる。すなわち，持続可能性の条件として，生態系サービスの一つで自然資源の基盤サービスが将来世代に継承され，豊かさの源泉になることが重要である。そこで，持続的な生産活動による生活基盤を構築するために，CP概念に基づき地域の自然景観や動植物の保全，生物の多様性などの環境ストックを高めることである。そ

して，日本列島において田園生態系が形成され，自然生態系を保全しながら，誰もが自然の豊かさを享受するような持続可能な社会を創出することができると考えられる。

引用文献

岡山大樹他［2016］「新潟県地域創生調査―国家戦略特区，世界農業遺産，日本遺産，環境政策」『里山学研究 流域のくらしと奥山・里山―愛知川から考える』(龍谷大学里山学研究センター 2016 年度年次報告書)，pp.214-219

小川滋・井元りえ［2007］「福工大里山の自然再生と教育研究活動における課題」『福岡工業大学環境科学研究所所報』第 1 巻，pp.5-13

亀井信一［2017］ATP 基調講演「これからの"ものづくり"とバイオミメティックス」2 D5-24，日本化学会第 97 回春季年会講演予稿集

環境省編［2009］『平成 21 年版　環境白書・循環型社会白書 / 生物多様性白書』

環境省編［2016］『平成 28 年版　環境白書 地球温暖化対策の新たなステージ』

(財) 日本自然保護協会編集［2009］『自然観察ハンドブック』平凡社

近自然研究会編［2004］『環境復元と自然再生を成功させる 101 ガイド　ビオトープ』誠文堂新光社

コウノトリ湿地ネット［2014］『豊岡市田結地区の挑戦　コウノトリと共生して暮らす村づくり　改訂版』

坂井宏光［2006］『歴史認識に基づく環境論』現代図書

坂井宏光［2000］「緑の効用」『自然の法則と環境の論理　増補新版』ライフリサーチプレス，pp.71-75

坂井宏光［2008］『クリーナープロダクションに基づく持続可能な社会の展望』ライフリサーチプレス

坂井宏光・阿山光利［2011］「福岡工業大学のビオトープ活動と環境教育―ビオトープネットワークづくりとパートナーシップ」福岡工業大学『FD Annual Report』Vol.2，pp.69-77

佐渡市［2016］『佐渡市の環境　平成 27 年版』

佐渡市［2015］「平成 27 年度　佐渡市トキビオトープ整備事業報告書」

重松敏則編［2010］『よみがえれ里山・里地・里海』築地書館

鈴木龍也［2014］「日本における里山問題の変遷」『里山学研究 里山と東アジアのコモンズ』(龍谷大学里山学研究センター 2014 年度年次報告書)，pp.4-9

田和康太・佐川志朗・丸山勇気・日和佳政・水谷瑞希［2016］「兵庫県豊岡市の水田ビオトープにおける水生動群集の越冬状況」『野生復帰』4，pp.87-93

豊岡市［2016］『平成 27 年度豊岡市環境報告書 コウノトリと暮らす豊岡の環境』
　　pp.16-17

新潟大学朱鷺・自然再生学研究センター［2014］『年報』No.4

農林水産省ホームページ［2017］「世界農業遺産・日本農業遺産」（www.maff.go.jp/
　　j/nousin/kantai/giahs_1.html）

野田市［2015］「野田市コウノトリ生息域内保全実施計画【試験放鳥編】」

本田裕子［2015］「野生復帰事業における住民意識の比較を通じたコウノトリやト
　　キの地域資源化について」『環境情報科学論文集』Vol.29，pp.225-228

水口達也・安藤秀俊［2007］「福岡市内の王学校における学校ビオトープ調査」『科
　　教研報』Vol.22, No.1，pp.111-116

水野亮［2013］「トキ野生復帰の取り組みが農業に与えた影響」『水資源・環境研究』
　　Vol.26, No.1，pp.7-14

宮西萌・徳田理奈子・佐川志郎・江崎保男・細谷和海［2016］「兵庫県野生復帰地
　　における鎌谷川の魚類相」『水環境学会誌』Vol.39，No.3，pp.85-90

山田辰美［2001］『子どもが変わる　学校が変わる　地域が変わる　ビオトープ入
　　門』農山漁村文化協会

養父志乃夫［2006］『ビオトープ再生技術入門―ビオトープ管理士へのいざない』
　　農山漁村文化協会

和田武［2016］『再生可能エネルギー 100％の時代到来』あけび書房

渡辺富久子［2010］「ドイツの連邦自然保護法改正― 2006 年連邦制改革を受けて」
　　『外国の立法』245，pp.56-81

あ と が き

　社会環境学研究科が2007年4月に設立されて以来，早くも10年間の月日が過ぎた。本研究科の目的は，環境問題を合理的かつ総合的に理解し，その解決手法を立案し，実践できる実務的能力と理論的思考力を修得した，より「高度な職業人」の養成である。

　初代研究科長の桂木健次先生は2007年から2008年までの2年間，その次の加来祥男先生は2009年から2010年までの2年間，阿部晶先生は2011年から2012年までの2年間，坂井宏光先生は2013年から2016年までの4年間，あわせて10年間の月日が過ぎ去り，昨年，坂井宏光先生の提案でこの記念出版が実現したわけである。

　この間，日本人学生はもとより，社会人，中国の留学生，韓国の留学生など多くの大学院生が本修士課程で勉学に励み，修了した。修士論文のテーマは，ほとんど経済経営，法律政策などの視点から環境問題を解決するアプローチをしている。

　しかしながら，社会環境学は新しい研究領域であり，すなわち各伝統的な専門領域からそれぞれのアプローチで環境問題の解決法を探るもので，複合的研究領域といわれ，学術的な定義はないままの状態にある。一方，本研究科では社会環境学を一体どのように定義すべきかについて，この10年間，幾度も議論を重ねたうえ，2012年に次の中間報告でまとめた。すなわち「社会環境学とは，持続可能な社会を構築するために，主に人文・社会科学分野からのアプローチを中心に，環境問題に対してその最適な解決策を総合的に探求する学問である」と定義している。最終報告は今後の10年間で纏めることが望まれる。

　「光陰矢の如し」「歳月人を待たず」という言葉があるように，本研究科は2007年設置した当初，12名の教員組織であったが，今日，このうちの11名が退職され，筆者だけが取り残されている。まさしく「世代の交代」ともいえよう。幸い

139

多くの優秀な後輩が補充されており，今後の10年，20年……引き続きこのような研究環境下で社会に有用な人材が育成されることを期待している。

　2017年11月吉日

社会環境学研究科長　李　　文忠

索　引

あ行

ISO14000 シリーズ　　46，47，53，54，
　56，62，64
ISO 国際規格委員会　　47
エコトープ　　114
エコトーン（移行帯）　　128
エコロジカル・コリドー（生態学的回廊）
　122
NS システム　　68，79，81
MEL 認証　　2-12
MSC 認証　　2-12
温室効果ガス　　15

か行

外部環境会計　　44
環境管理会計　　44-46，51，52，59
環境教育　　112
環境経営　　44
環境配慮型製品　　69，86
環境負荷　　69，74
環境保全　　83
競争優位理論　　47，49
金属缶　　68
クリーナープロダクション　　116
グリーンコンシューマー　　69
グリーン調達　　69
原子力規制委員会　　23
原子力施設　　23
原子力発電　　23
原発再稼働　　22
コウノトリ　　113，117-120
──ツーリズム　　117
国連食糧農業機関（FAO）　　3，135
『心』　　90
COP3　　44
COP10　　133

固定価格買取制度（FIT）　　15

さ行

産業連関表　　25
資源流原価計算　　59
持続可能性　　1
持続可能な開発のための教育（ESD）　　133
持続可能な社会　　112
社会環境学　　1
水産エコラベル　　1
スイッチング（新電力への）　　20
錫なし鋼板（TFS）　　77
ストレッチドロー・アイアニング法　　75
生物模倣　　133

た行

ダイヤモンドモデル　　48-50，61
多項ロジスティック回帰分析　　5，8
地域産業連関表　　26
TULC（Toyo Ultimate Can）　　68，74，75
電力価格　　15，16
──改正　　29
──推移　　16
──値下げ　　30-33
電力（の小売）自由化　　19，22
東洋製罐　　68
トキ　　114，120-123

な行

内部環境会計　　45
長崎大学ビオトープサークル・パレット
　130
夏目漱石　　90
二酸化炭素　　69

は行

バイオミメティックス　　133

141

波及効果　25
パリ協定　15
ビオトープ　113，114
　——教室　113
　——の類型　115
福岡工業大学ビオトープ研究会　124，130
福島原子力発電所　14
　——事故処理費用　22
文化環境　90
PET フィルム　76
PET ボトル充填システム　68，74
ポーター，M.E.　47-49

ま行

マッキニー，M.　91
マテリアルフローコスト会計（MFCA）
　44-49，51-64
ミティゲーション　115

ら行

ライフサイクルアセスメント（LCA）
　72
ラミネート技術　77
リサイクル　69，79
リソーシズフローコスト会計　59

執筆者一覧（執筆順）

大石太郎（おおいし・たろう）　（第1章）
　福岡工業大学大学院社会環境学研究科准教授　博士（経済学）。専門領域は環境経済学，水産経済学，消費者行動論で，アンケート調査等を用いて水産エコラベルに対する消費者意識を解明する研究に取り組んでいる。単著として『グリーンコンシューマリズムの経済分析─理論と実証』（学文社，2015年）の他，分担執筆として『変わりゆく日本漁業─その可能性と持続性を求めて』（北斗書房，2014年，第16章担当），『最新 水産ハンドブック』（講談社，2012年，第7章7.2.4項および7.4.4項担当），分担翻訳として『サステイナビリティの経済学』（パーサ・ダスグプタ著）（岩波書店，2007年，第12章および第13章担当）などがある。

鄭　雨宗（ちょん・うじょん）　（第2章）
　福岡工業大学大学院社会環境学研究科教授　博士（商学）。専門は環境経済学，国際経済学，エネルギー政策分野で，地球温暖化問題をめぐる国際枠組み分析や産業連関分析を利用した経済・環境評価等に取り組んでいる。著書として『地球温暖化とエネルギー問題』（慶應義塾大学出版会，2008年），『日中環境政策協調の実践』（慶應義塾大学COEプログラム，2008年，第9章担当），『EUの公共政策』（慶應義塾大学東アジア研究所，2006年，第2章分担担当），『地球温暖化と東アジアの国際協調─CDM事業化に向けた実証研究』（慶應義塾大学産業研究所，2004年，4章，5章，6章共著）等がある。

李　文忠（り・ぶんちゅう）　（第3章）
　福岡工業大学大学院社会環境学研究科教授　博士（経営学）。専門は会計学と環境会計学の分野で，特に，公認会計士監査制度の在り方，各国監査制度の比較分析について教育・研究を行っている。研究業績は，単著『中国監査制度論』（中央経済社，2005年），翻訳，千代田邦夫著，李敏校閲『日本会計』（上海財経大学出版，2006年），分担執筆「バイオマス再生資源化事業における環境管理会計の導入─食品廃棄物リサイクルの事業を中心に」『社会環境学への招待』（ミネルヴァ書房，2006年，第3章担当），単著『中国公認会計士の戦略』（青山社，2016年）などがある。

尹　諒重（ゆん・やんじゅん）　（第4章）
　福岡工業大学大学院社会環境学研究科准教授　博士（商学）。専門は経営学であり，具体的に研究開発組織における組織と人材のマネジメントについて研究を行っている。分担執筆として『世界の工場から世界の開発拠点へ──製品開発と人材マネジメントの日中韓比較』（東洋経済新報社，2012年，第5章担当），論文として「人事評価・処遇制度としての目標管理の運用と従業員の受容性─大手メーカーA社中央研究所の事例」

（組織科学，2011年）などがある。

徳永光展（とくなが・みつひろ）（第5章）

　福岡工業大学大学院社会環境学研究科教授　博士（文学）。日本近現代文学専攻。著書に『夏目漱石『心』論』（風間書房，2008年），『城山三郎『素直な戦士たち』論』（双文社出版，2012年），論文に「正義を貫く姿勢—山崎豊子『白い巨塔』の悲劇性」（李東哲主編・安勇花副主編『中朝韓日文化比較研究叢書　日本語言文化研究　第3輯（下）』延辺大学出版社，2014年），資料に「漱石年譜」（小森陽一他編『漱石辞典』翰林書房，2017年）などがある。

坂井宏光（さかい・ひろみつ）（第6章）

　福岡工業大学大学院社会環境学研究科教授　学術博士。専門は環境科学と環境教育学の分野で，特に，持続可能な社会の構築のための環境教育の方法論や環境問題対策について教育・研究を行っている。研究業績は，単著に『自然の法則と環境の論理　増補新版』（ライフリサーチプレス，2000年），『歴史認識に基づく環境論』（現代図書，2006年），『クリーナープロダクションに基づく環境保全と持続可能な社会の展望』（ライフリサーチプレス，2008年），共著に『環境問題を学ぶ人のために』（世界思想社，2001年）などがある。

144　　執筆者一覧

持続可能な社会を拓く社会環境学の探究

2017年12月10日　第1版第1刷発行

編　者	福岡工業大学大学院 社会環境学研究科 10周年記念出版委員会 ©

発行者　田中　千津子	〒153-0064　東京都目黒区下目黒3-6-1
	電話　03（3715）1501 ㈹
発行所　株式 会社 学文社	FAX　03（3715）2012
	http://www.gakubunsha.com

Printed in Japan　　　　　　　　　　　　　　印刷　新灯印刷㈱
乱丁・落丁の場合は本社でお取替えします。
定価は売上カード，カバーに表示。

ISBN 978-4-7620-2749-9